씨앗은 힘이 세다

앙성댁 강분석이 흙에서 일군
삶의 이야기

씨앗은 힘이 세다

양성댁 강분석이 흙에서 일군
삶의 이야기

씨앗은 힘이 세다

1판 1쇄 인쇄 | 2006년 5월 15일
1판 1쇄 발행 | 2006년 5월 19일

지은이 | 강분석
펴낸이 | 김이금
펴낸곳 | 도서출판 푸르메
등록 | 2006년 3월 22일 (제318-2006-33호)
주소 | 서울시 마포구 서교동 451-45 303호 (우 121-841)
전화 | 02-334-4285~6
팩스 | 02-334-4284

인쇄·제본 | 한영문화사
본문 및 표지 디자인 | (주)끄레 어소시에이츠

ⓒ 강분석, 2006

ISBN 89-958003-0-5 03810

· 책값은 뒤표지에 있습니다.
· 저자와 협의하여 인지를 생략합니다.

이제껏 우리가 가꾼 이 땅에서
언제까지나 농부로 살 수 있으면 좋겠습니다.

들어가면서

시골에 온 지 어느새 8년이 지났습니다. 이곳에 온 후 제일 많이 받는 질문이 왜 귀농을 했느냐는 것입니다. 해가 벌써 여덟 번이나 바뀌었지만, 저는 지금도 그 질문을 받을 때마다 어떻게 대답해야 할지 난감합니다. 별 생각 없이 그냥 내려왔으니까요. 그렇지만 그렇게 말하면 사람들은 대개 고개를 젓습니다. 서울에서 태어나 40년 넘게 그곳에서만 살았던 이가 어느 날 갑자기 그냥 시골에 내려왔다는 말이 믿어지지 않나 봅니다.

동갑내기인 우리가 처음 만났던 시절부터 남편은 마흔이 되면 농부가 되겠노라고 입버릇처럼 말했습니다. 서른 살 제게 마흔은 너무도 먼 훗날로 느껴졌습니다. 그러나 10년이란 시간은 화살같이 지나갔습니다. 두 해가 더 흐른 어느 날, 남편이 시골로 가자고 했습니다. 저는 그러마고 했습니다. 서울에서 제가 꼭 붙잡아야 할 것이 없었으니까요. 그렇지만 시골에 무언가 다른 것이 있을 거라는 생각도 없었습니다.

낯선 시골에서 흙 만지고 사는 것이 그런데 썩 괜찮았습니다. 기대가 없었기에 잃을 것이 없었나 봅니다. 잃지 않았을 뿐만 아니라, 아주 중요한 것을 얻었습니다. 생전 처음 내 손으로 심은 콩알이 제 몸무게의 몇 백 배나 되는 흙을 뚫고 초록색 새싹으로 올라왔던 날을 지금도 생생하게 기억합니다. 존재로 보면 저나 나나 똑같다는 것을 일러주는 듯, 작은 새싹은 당당하고 아름다웠습니다. 오랜 가뭄 끝, 갈라진 논바닥 위로 떨어지는 빗소리는 세상만사에 감사하라고 말하는 것 같았습니다. 허리가 끊어지는 듯한 아픔 속에서, 보름 가까이 논에 엎드려 잡초를 뽑으면서 나를 들여다보던 시간은 지금 생각해도 절절합니다. 아무런 준비 없이 내려온 이곳에서 이토록 큰 선물을 받은 것이 고맙습니다.

농사는 이렇듯 은혜와 위로 그리고 가르침을 주지만, 때로는 아득한 막막함으로 저를 내몰기도 합니다. 해도 해도 끝날 것 같지 않은 들일이 그렇고, 갈수록 예측할 수 없는 날씨가 그렇습니다. 농사 지어 먹고 산다는 것이 점점 더 암담하게 생각되는 현실도 두렵습니다. 낯선 땅에서 사람으로 인해 가슴앓이를 하는 데도 힘이 빠집니다. 이곳에서 제가 서야 할 자리와 가야 할 길을 제대로 찾은 것인지도 아직 잘 모르겠습니다.

그렇지만 지금도 마루에 앉아 창밖의 들판을 바라보고 있노라면 이게 꿈인가 싶어집니다. 한낮의 따가운 햇볕도 있지만, 명랑한 새소리와 청량한 물소리가 들리는 일터를 떠올리면 나도 모르게 미소가 떠오르기도 합니다. 어디서 무엇을 하며 살든 괜찮다는 생각도 듭니다. 귀농의 이유가 사람마다 다 같을 필요도 없겠지요. 그래도 꼭 한 마디로 시골에 온 이유를 대라고 한다면 이제 저는 "더 행복해지고 싶어서"라고 답하겠습니다.

아직 밥벌이도 안 되고 농사와 사람의 일로 어려움도 있지만, 저는 지금 이곳에서 농사를 짓고 사는 것에 후회가 없습니다. 자연과 농사가 제게 준 것이 그토록 크기 때문입니다. 이제껏 우리가 가꾼 이 땅에서 언제까지나 농부로 살 수 있으면 좋겠습니다.

돌이켜보면, 이곳에서 지낸 세월 동안 포기하고픈 생각이 들었던 적이 어찌 한번도 없었을까요. 그럴 때면 제가 떠올리는 기억이 있습니다. 생전 처음 벼를 베던 날, 논둑에 서서 콧물까지 흘리며 감격의 눈물을 흘렸던 것을. 나도 모르게 "아이구, 내 새끼!" 하며 우리 벼를 가슴에 부둥켜안았던 그 순간을.

이 책에 실은 글은 주로 제가 운영하는 인터넷사이트 '앙성닷컴(angsung.com)'과 일년 반 동안 〈한겨레신문〉에 연재했던 〈앙성댁의 시골일기〉에서 추린 글을 조금 고쳐서 엮은 것입니다. 세상에 내놓기에 턱없이 부끄러운 글입니다만, 이렇게라도 쓸 수 있었던 것은 순전히 이곳의 자연과 사람들 덕분이었습니다. 이 글을 읽는 분이 제가 느낀 농사의 즐거움을 함께 나누고, 어려움을 함께 고민하고, 자연의 은혜와 위로를 함께 느낄 수 있다면 그보다 더 큰 보람은 없을 것입니다.

고비마다 떠오르는 어머니께 감사합니다. 농부의 길로 나를 이끈 남편과 내게 늘 힘이 되는 길벗 진영에게 고마움을 전합니다. 여러 날을 오가며 마음을 담아 사진을 찍어주신 이단 님과 귀한 시를 기꺼이 내주신 이승희 시인, 그리고 저보다 더한 애정으로 이 책을 만들어주신 〈푸르메〉의 김이금 님께도 감사의 말을 전합니다.

2006년 5월
앙성 아랫밤골에서 **강분석**

차례

들어가면서 7

1. 내가 살기로 한 곳

앙성과의 첫 만남 17
느티나무를 찬탄함 21
우리는 정말 사랑했을까 24
품을 '팔다' 26
느는 게 의료기구 30
시골의 구경거리 33
인터넷과 함께 새벽을 연다 36
귀농, 무조건 아름다울까? 40
술상 앞에서 떠오르는 얼굴 43
그리운 어머니께 — 고비마다 당신을 떠올립니다 46

2. 농부들은 얼마나 더 착하게 살아야 할까

"술 안 먹곤 못혀!" 53
세월 따라 변해가는 새참 풍습 55
농사꾼 망치는 사람 59
어머니의 재봉틀 62
애달픈 복숭아 이야기 64
술 마실 핑계가 어디 한둘인가 69
농군은 영원한 현역 72
쓸쓸한 직업 지도 76

'그래, 내가 맞자' 80
파란만장한 우리집 난방 역사 84
막내 오라버니께 — 잊을 수 없는 옛일이 있습니다 88

3. 자연으로, 내 마음을 들여다보다

우리 것이 좋은 것이여 95
"어머니는 짜장면이 싫다고 하셨어" 98
"도리깨질은 아무나 하나" 101
만주 할머니의 뜰 104
프로 농군과 초보 농군 106
아픔 없이는 어떤 변화도 없어라 111
속 썩이던 까치, 새집을 짓다 113
겨울철 시골 사는 재미 116
소에게서 배운다 118
생각 깊은 살구나무 122
보고픈 친구 진영에게 — 친구로 지낸 세월아, 고맙다 124

4. 더불어 살아가는 법을 배우다

어버이는 흙에 묻혀서도 자식을 살게 하는구나 133
늙은 호박의 가르침 135
한 달 생활비와 맞먹는 새 등산장비 138
가난해도 좋은 시간 140
덩따쿵 덩덩, 풍물에 빠졌다 144
무당벌레와 더불어 살기 146
아아, 진순 149
사연도 많은 우리집 고구마 152
산에서 맺은 인연 154
어떤 그리움 — 히말라야 1 159
모두 다 사랑하리 — 히말라야 2 163
나마스떼 — 히말라야 3 166
소통기 단상 169

도시 아이들의 시골 체험 172
파란 눈의 일꾼들 176
홍콩 언니께 — 어릴 적 밥맛이 그립습니다 181

5. 진정, 농부로 산다는 것은

죽으려야 죽을 틈이 없다 189
자립의 꿈은 아득하기만 하고 193
나는 왜 무농약 농사를 지으려고 하는가 196
나는 아직도 이방인 199
영원하고 완벽한 이상 202
귀농 10계명 204
치킨 런 209
"삶은 가시 박힌 손톱의 아픔" 213
함께 견디기 219
나의 귀농을 되돌아보며 222
"농부 못해먹겠다?" 228
근세 씨에게 — 우리 앞에 길이 있습니다 235

1. 내가 살기로 한 곳

준비되지 않은 귀농은 참으로 위험했다. 땅을 사고 집을 짓는 일에서부터 시행착오가 시작되었다. 농토를 마련하고 작물을 선택하고 농사를 지으니 더 큰 어려움이 이어졌다. 작물을 키우는 것도 어렵거니와 귀하게 키운 작물을 소비자에게 알리고 노력한 만큼 제값을 받고 파는 것 또한 문제였다.

앙성과의 첫 만남

지금 내가 살고 있는 충청도 땅 앙성은 경기도 여주, 강원도 부론과 정겹게 이마를 맞대고 있는 곳이다. 그래서 이곳 읍내에서 가까운 탄산온천 야외무대에서 3년마다 3도 대항 주민 노래자랑도 열리고 체육대회도 열린다. 우리 집에서 차로 10분쯤 달리면 충청북도와 강원도를 가르는 남한강 대교가 있다. 대교 밑으로 이곳 3도 접경지역을 어머니처럼 감싸고 있는 생명의 젖줄, 남한강이 유장하게 흐른다.

면사무소가 있는 앙성 읍내를 이곳 사람들은 용포라고 부른다. 서울에서 내려오는 시외버스도 앙성 대신 용포라는 지명을 쓰고 있다. 신경림 시인의 시로 유명한 목계나루가 이곳에서 가까우니, 그 옛날에는 우리 읍내에도 한양으로 올라가는 배를 대는 포구가 있었을지도 모르겠다. 언제 한 번 알아볼 일이다.

맨 처음 용포에 왔던 날, 우리는 읍내 다방에서 땅을 소개해줄 이와 만났다. 시골 다방은 옛날 영화에 나오는 다방 모습 그대로였다. 한복을 입은 마담, 조금 크다 싶은 고전적인 원형 찻잔, 스피커에서 흘러나오는 트롯트 가요, 짧은 치마에 과장된 속눈썹을 단 레지 아가씨가 그랬다. 이웃마을 젊은 이장의 이래유 저래유 하는 말투와 낯선 다방 풍경에서 나는 내가 시골에 왔다는 것을 실감했다.

내 생전 시골생활은 이곳이 처음이어서 전형적인 시골 읍내의 모습이 어떤 것인지 알 수 없지만, 용포 읍내에 다녀올 때마다 조금 낯선 느낌이 든다.

시골에 오기 전에 혼자서 머릿속에서 그려보았던 모습과 거리가 있어서일까, 아니면 아직 적응이 덜 된 것일까.

시골 읍내를 그릴 때면 나는 늘 나지막한 담과 커다란 은행나무 그리고 작은 운동장이 있는 초등학교를 제일 먼저 떠올리곤 했다. 면사무소, 우체국, 소방서와 파출소, 농협, 병원과 같이 제법 덩치가 큰 건물들은 읍내 가운데에 몰려 있을 테고, 찻길 양옆으로 점포가 늘어서 있으리라. 한의원, 약국, 구멍가게 서넛, 방앗간, 양조장, 문방구, 이발소, 미장원, 정육점, 포목점, 신발가게, 사진관, 농약 가게와 함께 어른스런 이름을 가진 다방 하나, 중국집과 한식집 등 음식점 서너 집과 술집 두어 군데. 오래된 간이역도 있으면 참 좋으련만 기차는 이곳을 지나지 않는다 하고, 시외버스가 서는 차부는 기차역보다는 덜 낭만적이겠지. 교회와 성당은 아마 찻길에서 조금 떨어진 곳에 있을 거야.

그런데, 용포 읍내는 거짓말 조금 보태면 한 집 건너 음식점이고, 두 집 건너 구멍가게 혹은 슈퍼마켓 그리고 세 집 건너 다방이다. 탄산온천 단지가 지척이라고는 하나, 이들 점포들은 외지인보다는 주민을 바라보고 있는 것 같다. 기껏해야 서너 군데일 거라고 생각했던 구멍가게가 두 집 건너 하나인 것이 나는 걱정이 되었다. 경쟁이 엄청날 가게 주인도 그렇지만, 손님들은 또 어쩌나. 누구네 집에 숟가락이 몇 개 있는 것까지 서로 알고 있는 사람들은 과연 어떤 기준으로 가게를 선택할까? 담배는 영희네서, 막걸리는 철수네서, 과자는 영수네서 사는 식일까?

음식점도 엄청 많다. 칼국수, 해장국, 순두부, 아구찜, 토종순대, 돼지갈비

같이 전문 음식을 내세운 곳도 많고 광고판에 음식 이름이 열 가지도 넘게 써 있는 종합 식당도 많다. 치킨집에 호프집, 패스트푸드 체인점도 있다. 중국집도 둘이나 있어 가끔 자장면을 먹을 때면 어디로 갈까, 고민하게 된다.

그리고, 외자 이름을 가진 다방들. 복다방, 용다방, 희다방, 솔다방, 진다방, 샘다방…… 이들 중 압권은 단연 뽕다방이다. 후미진 뒷골목에 자리하고 있어 이름이라도 튀어야겠다 싶었나보다. 이곳에 온 후로는 다방에 간 일이 없어 어떤 계층의 손님들이 주류를 이루는지 모르지만, 아무래도 나이 지긋하신 어르신들의 기억력을 배려하여 외자 이름을 선호하는 것이 아닐까 싶다.

건강원이 많은 것도 예상 밖이었다. 골목마다 방앗간이 있는 것이야 농촌이니 그렇다 치지만, 건강원은 조금 뜻밖이었다. 농사철이 한 번 지나가자 곧 그 이유가 알아졌다. 주민들이 대부분 농사짓는 이들이니 집집마다 나오는 늙은 호박도 달이고 복숭아며 배 같은 과일도 즙으로 내려 당신들도 먹고 더러 팔기도 하는 것이다. 집집마다 개를 한두 마리 기르고 있으니 가끔은 그 녀석들도 들어가리라.

그밖에 이곳에서 특별하게 눈에 띈 것은 수석 가게와 민속품 가게이다. 남한강이 바로 지척이니 수석이 많은 모양이다. 면사무소 맞은편에도 앙성 탄산온천을 상징하는 '온천석'이라는 이름의 수석이 덩그마니 서있다. 읍내에서 중앙탑까지 이어지는 도로에 줄지어 서있는 고미술상과 민속품 가게에서는 오래된 항아리와 민속품, 우습기도 하고 슬프기도 한 장승들을 볼 수 있어 반가웠다.

시골 아이들도 이 나라를 뜨겁게 달구는 교육 열풍에서 자유로울 수 없는지, 피아노 학원과 속셈 학원에서부터 영어 학원과 입시 학원까지 보였다. 노래방은 둘이나 있는데 꼭 있으리라고 생각했던 포목점이 없는 것도 공연히 서운했다. 시골 어르신들도 이제는 한복 입는 일이 드문 모양이다.

읍내에서 서운한 것 또 하나는 장이 서지 않는다는 것이다. 5일장 이야기를 많이 읽고 들었기에 장 구경도 하고 사람 구경도 하고 주전부리도 하리라, 기대가 컸는데. 가까운 장호원의 5일장이 워낙 크고 유명한 바람에 파는 사람들이나 사는 사람들이나 다 그리로 몰린다는 것이다. 예전에 장이 섰다는 널따란 골목길을 볼 때마다 아쉬운 마음이 든다.

그래도 그 골목길에 술도가가 있는 것이 참 다행이다. 대학 신입생 시절 학교 앞 간이식당에서 특이하게도 퍼모스트 아이스크림을 안주로 처음 막걸리를 마신 이래, 막걸리는 내가 좋아하는 것 중 하나가 되었다. 오죽하면 시골 읍내에서 제일 먼저 가보고 싶었던 곳이 술도가였을까. 게다가 이제는 들일까지 하게 되었으니, 막걸리는 나와 떼려야 뗄 수 없는 관계가 되고 말았다. 땡볕 아래 엎드려 일하고 논둑에 털썩 주저앉아 막걸리 한 사발을 주욱 들이키노라면 갈증과 시름이 다 사라지는 듯하다. 들일 많은 봄부터 가을까지 새벽이면 막걸리를 가득 실은 양조장 트럭이 뽕짝 메들리를 왕왕대며 마을마다 돌아다니는 것도 시골만의 풍경이리라. 불과 몇 년 전만 해도 나무통에 든 말술을 팔았다고 하니, 말술 받아놓고 부자가 된 기분이었을 선배님들이 슬그머니 부러워지기도 한다.

며칠 동안 내리던 눈이 그친 어제, 용포로 넘어가는 고갯길에는 모래를 실은 트럭이 구불거리는 2차선 도로 위에 모래를 뿌리고 있었다. 눈 때문에 며칠 발이 묶인 시내버스가 이제 하루에 다섯 번씩 이 고개를 넘어 읍내로 들어가리라. 2000. 2

느티나무를 찬탄함

"아무래도 느티나무님이 도와주신 것 같아유. 불이 그 정도로 끝난 걸 보면." 논농사 직불제 서류에 도장을 받으러 온 이장님이 느티나무를 올려다보며 하신 말씀에 남편도 나도 가만히 고개를 끄덕였다. 설을 이틀 앞두고 우리집 보일러 연통에서 시작된 불을 처음 발견한 분이 바로 이 어른이셨다. 마침 집에 있던 소화기 세 대와 마을 사람들의 도움으로 간신히 불길을 잡을 수 있었던 것이 천만다행이었다.

  6년 전 가을, 남편 선배로부터 괜찮은 땅이 있다는 소리를 듣고 물어물어 찾아간 곳에 내 생전 처음 보는 커다란 나무 한 그루가 서 있었다. 수천, 수만의 가지를 사방을 향해 뻗고 있는 그 나무를 보는 순간 나는 숨이 멈추는 듯했다. 왠지 '아낌없이 주는 나무'도 떠오르고 《어린 왕자》에 나오는 '바오밥 나무'도 생각났다. 시골 행을 마음 먹고 처음 둘러본 땅에 우리는 그렇게 해서 자리를 잡게 되었다.

  느티나무를 본 친지들 중에는 그 장함에 감탄하면서도 한편으로는 너무 큰 나무가 집 바로 옆에 있으면 좋지 않다며 점을 보라는 분도 있었고 액막이를 권하시는 분도 있었다. 그럴 때면 우리는 나무에 반해 이곳까지 내려온 사람들이니 나무도 우리를 해치지 않을 것이라고 말하곤 했다. 다만, 이사할 때면 친정어머니가 그러셨듯이 느티나무를 생각하며 불경을 읽었다. 지난 여름 우리집을 다녀가신 태백의 스님께서도 새들이 유쾌하게 지저귀는 느티나무를 보시고는 생명이 깃드는 나무라며 룸비니 사원에 서있는 보리수 같노라고 찬탄하셨다.

집을 지을 때였는데, 느티나무 때문에 문제가 생겼다. 가지가 워낙 크게 벌어져서 설계도대로 집을 지으려면 가지의 일부를 자를 수밖에 없었다. 현장 사람들은 가지를 자르자고 했으나 우리는 그럴 수 없었다. 바로 그 나무 때문에 이곳에 터를 잡은 것인데 어떻게 나무를 자른단 말인가. 그 덕분에 원래 남향으로 계획했던 우리집은 동남향이 되었고, 동향이던 현관은 북향이 되었다.

2년 전 여름, 비바람이 사납게 몰아치던 날이었다. 새벽녘에 개들이 요란하게 짖어 마당불을 밝히고 밖을 살펴보니 집 앞 길이 온통 초록색 잎으로 덮여 있었다. 느티나무 가지 하나가 바람에 떨어진 것이었다. 가지 하나라고는 하나 웬만한 나무보다 더 커서 땅에 떨어져 있는 가지의 위세는 섬뜩하기까지 했다. 날이 밝자 구경 나온 사람들이 모두 한 마디씩 했다.

"참 용하기도 하지. 집 안으로도 안 떨어지고 밖에 세운 자동차도 감쪽같이 피했으니."

3백 살이 넘었다고도 하고 4백 살이 훨씬 넘었다고도 하는 아랫밤골 느티나무는 지금도 자라고 있다. 나리 아빠가 코흘리개였던 시절, 오르기에는 너무 높지만 어떻게 해서라도 오르고 싶었던 느티나무의 밑둥에는 커다란 구멍이 나 있었다고 한다. 나리 아빠는 그 구멍으로 들어가서 나무를 타고 올라갔다 한다. 그런데 어느 때부터인지 그 구멍이 차츰차츰 작아져서 지금은 갓난아기도 들어가지 못할 정도로 작아졌다는 것이다.

인구네 밭에서 바라보는 한여름의 느티나무는 한숨이 절로 나오게 아름답다. 지난 여름 그 밭에서 고추를 따시던 마을 사람들의 이야기를 떠올리면 마음이 저절로 환해진다. 우리가 그 곁에 자리를 잡은 뒤 느티나무가 더 무성해지고 아름다워졌다는 것이다.

시골에 내려와 이웃마을들을 돌아보면서 어떤 마을이든 오래된 느티나무가 한 그루씩은 있다는 사실을 곧 알게 되었다. 감탄사가 절로 나오게 자태가 아름다운 느티나무도 있었지만, 우리 나무가 지닌 위용과 경건함에 따를 나무는 아직 보지 못했다.

우리 마을에서는 정월 대보름이면 느티나무 앞에서 마을의 평안과 풍년을 기원하는 고목제를 올린다. 고목제가 아니라도 우리는 크고 작은 일이 있을 때마다 느티나무에게 먼저 고한다. 생전 처음 우리 손으로 거둔 벼로 밥을 지은 날도 우리 부부는 느티나무에게 햅쌀밥과 막걸리를 올리고 감사의 절을 드렸다. 경운기를 들여놓던 날도 그랬고 첫 번째 복숭아를 따던 날도 그랬다.

지난 가을 달도 없이 깜깜한 밤, 개들이 한꺼번에 짖어대어 나가보니 누군가 느티나무 앞에서 치성을 드리고 있었다. 제단 위에서 희미하게 깜빡거리는 촛불을 바라보며, 슬픈 이를 어루만지고 기뻐하는 이와 함께 기뻐하는 느티나무가 우리 옆에 있다는 것에 새삼 감사하는 마음이 들었다.

"아니, 산 좋아하는 사람들이 강원도로 안 가고 이곳에 파묻힌 사연이 뭐야? 아무 연고도 없다면서."

고개를 갸우뚱하며 궁금해 하시는 친지들께 우리 부부는 빙그레 웃으며 말한다.

"글쎄, 아무래도 저 느티나무님이 부르신 것 같아요." 2002. 2

우리는 정말 사랑했을까

겨우내 게으름을 피워 밀린 일이 안팎으로 산더미 같건만, 손가락도 까딱하기 싫은 날이었다. 점심조차 준비하기 싫어 역시 늘어져 있는 남편을 일으켜 읍내로 나갔다. 자장면으로 점심을 때울 생각이었는데, 중국집 앞에서 우연히 강 집사를 만났다. 남편이 귀농교육에서 만나 알게 된 그이는 이웃마을에서 교회 수련원의 일을 도우며 농사를 짓고 있었다.

우리는 자장면 한 그릇씩을 먹고, 새로 지은 농협 건물로 들어가 자판기 커피를 마시며 이야기를 나누었다. 농부로 살아가는 일의 팍팍함과 고단함에 대한 이야기가 주로 이어졌는데, 문득 강 집사가 사랑 타령을 늘어놓았다. 너무나 오랜만에 듣는 이야기여서 그랬을까, 나는 조금 아찔한 느낌이었다. 세 사람 모두 사랑이라는 말 대신 외로움이니 쓸쓸함의 반대어로 말을 이어갔지만 그것은 틀림없이 사랑에 대한 이야기였다.

혼자 지내는 처지라 그랬는지 아니면 마음이 쓸쓸했는지, 강 집사에게는 덤덤하기 짝이 없는 우리가 금실 좋은 부부로 보였나 보다. "시골에서 살겠다는 남자를 두말없이 따라온 것은 사랑이 없다면 불가능하다"고 그이는 아주 명쾌하게 단언했다. 그 말에 우리 내외는 약속이라도 한 듯이 어색한 웃음을 터뜨렸다. 사랑? 우리는 정말 사랑했을까, 그리고 지금도 사랑하고 있는 걸까······.

집으로 돌아오는 차 안에서 나는 어느새 사랑일랑은 까맣게 잊고 메주 생각을 하고 있었다. 골방에서 말리고 있던 메주를 '띄울' 때가 되었다는 말을 들었던 것이다. 오는 길에 남편은 철이 할아버지네에 들러 짚 한 단을 가져왔다.

장작보일러가 돌기 시작하여 미지근해진 골방에 둘이 마주 앉아 옷걸이에 걸어놓은 메주 자루를 하나씩 끌러 태백의 스님이 보내주신 배 상자에 짚을 깔고 돌같이 단단해진 메주를 담았다. 상자 크기에 맞추기라도 한 듯 아귀가 꼭 맞게 두 줄로 도열한 메주 위에 다시 짚을 깔고 그 위에 메주를 한 켜 더 쌓았다. 네 말 콩으로 쑨 메주는 그래도 남아서, 문촌 금주네서 지난 여름에 주신 복숭아 상자에까지 차곡차곡 담겼다.

생전 처음 우리 손으로 지은 콩으로 만든 메주를 보고 있노라니 마음이 그득한 것이 부자가 된 것 같기도 하고, 어엿한 농부가 된 것 같기도 했다. 그리고 이마를 맞대고 메주를 들여다보고 있는 우리가 강 집사의 말대로 사랑하는 사람들 같기도 했다.

저녁을 먹고 차를 마시고 있는데 읍내 파출소에서 전화가 왔다. 파출소 하면 공연히 새가슴이 되는 나는 얼른 남편을 바꿨다. 남편의 말에 인터넷이라는 소리가 들렸다. 남편은 껄껄 웃으며 내게 수화기를 넘겨주었다. 인터넷 접속에 문제가 생긴 경찰 아저씨가 아랫밤골에 인터넷 잘하는 시인이 있다는 말을 듣고 전화를 하신 것이었다.

경찰 아저씨와 긴 이야기를 나누면서 나는 시골에 살고 있다는 것이 실감이 되었다. 도시라면 이런 일은 생각도 못할 것이다. 이곳에서 나는 의사도 되었다가, 환자도 되었다가, 화가도 되었다가, 인터넷 잘하는 시인이 되기도 하는 것이다. 그러고 보니 아까 강 집사가 우리에게 한 말이 생각났다.

"아니, 이 동네 명사신가 봐요?"

중국집에서 농협까지 가는 짧은 시간 동안 꽤 여러 사람들과 인사를 나누었던 것이다. 생각해보니, 아까는 아는 얼굴을 유난히 많이 만났다. 사람들을 사귀기 위해 특별히 애를 쓴 기억도 없는데, 3년이 지나니 자연스럽게 아는 사람들이 생겨난 것이다. 꽁꽁 언 동태와 두부를 사기 위해 읍내 식품점에도 갔고, 서울에 오르내리느라 차부 아저씨와도 얼굴을 익혔으며, 막걸리 사느라고 구멍가게에도 들렀고, 방앗간에서 떡도 했고, 늙은 호박으로 즙을 내린 적도 있어 건강원 아주머니와도 아는 얼굴이 되었다. 그렇게 아는 사람들이 하나 둘 늘어나면서 이곳 사람이 되는 것이리라. 2001. 2

품을 '팔다'

엊저녁에 우리집에서 벌어진 술판은 다른 때와 사뭇 달랐다. 왁자그르하면서도 쓸쓸했다고 할까. 남편이 아랫마을 백이네 버섯 농장에서 품을 팔고 받은 돈으로 벌어진 술판이었다.

추석 장을 보기 위해 부론에 다녀오다 백이네 집에 들르니 백이 아버지가 남편에게 봉투를 내밀었다. 봉투를 연 남편이 돈이 많다며 펄쩍 뛰었다. 받으라커니 못 받겠다커니 하는 두 사람의 실랑이를 어쩐지 볼 수가 없어, 나는 뒤로 돌아앉고 말았다.

시골에서는 품을 파는 일이 자연스럽게 이루어진다. 그러나 직접 돈을 주고받는 일은 그리 흔하지 않다. 품앗이라고 하여, 누군가 우리집 일을 도와주면 다음번에 그 집의 일을 도와주는 식으로, 일을 일로 갚는 경우가 대부분이다. 우리는 농지가 작아 대부분을 둘이서 해결하기 때문에 품앗이할 일이 거의 없다.

아랫마을에서 버섯 농사를 짓는 백이 아버지를 남편이 가끔 도와준 일이 있었다. 작정하고 도와주었다기보다는 우연히 들렀는데 마침 그날이 버섯 배지로 쓰일 솜을 트는 날이라든가 버섯 종균을 넣는 날인가 하는 경우였다. 그런 일이 몇 번 있자, 백이 아버지가 정식으로 남편에게 품을 팔 것을 제안했던 것이다. 백이 아버지는 일을 도와줄 만한 가족이 없기 때문에 어차피 일할 사람을 사야 한다 했다. 남편은 별 생각 없이 고개를 끄덕였단다. 그렇게 해서 정식으로 품을 팔던 날, 남편은 생각이 많았던 모양이다. 나도 그랬다.

농사에서 노동력은 가장 중요한 요소이고, 노동력이 부족할 경우 노동력을 팔고사는 것 또한 지극히 자연스런 일이다. 그런데 남편이 노동력을 팔고 돈을 받는 그 장면을 나는 똑바로 볼 수가 없었다.

신혼시절 살던 암사동 집 근처에는 겨울이면 인력시장이 섰다. 한결같이 시커먼 점퍼를 입고 장작불 주변에 웅크리고 서있던, 그 엄청 추워 보이던 사람들의 모습이 떠올랐다. 호박과 고구마 농사를 사람 때문에 망치고, 두릅 농사 또한 경험 부족으로 망친 데다 금융위기로 자금계획까지 틀어져 마음이 추워서 더 그랬나 보다. 남편도 그랬는지, 그러면 그 돈으로 술을 마시자고 외쳤던 것이다.

술이 들어가자 마음이 풀어지는지 남편의 얼굴도 조금씩 풀어졌다. 그런데 막걸리 잔을 연거푸 비웠는데도 내 마음속의 거북함은 사라지지 않았다. 좋은 일도 많았건만 언짢은 일만 생각나는 거였다.

시골 와서 두 번째 맞는 겨울, 금융위기로 서울의 아파트가 팔리지 않아 돈줄이 막혔는데 두릅 묘목이며 농자재며 경운기를 사느라 돈이 자꾸 들어갔다. 우연히 신문에 난 공고를 보았는데, 공공근로사업으로 정보화 기반을 마련하기 위해 영어와 컴퓨터 지식이 있는 사람을 모집한다는 거였다. 게다가 재택근무라니 딱이다 싶어 부랴부랴 서류를 갖추어 면사무소에 제출했더니 전업농가라 안 된다고 했다. 시골에 3백 평 이상의 땅을 가지고 있으면 전업농가로 분류되는데, 그렇지 않아도 부족한 농업 인력이 다른 근로사업으로 빠져나가는 것을 막기 위해 전업농가는 지원을 할 수가 없다는 것이다. 볼펜으로 짚어가며 공문을 읽어주는 면사무소 직원에게 나는 한마디만 했다.

"3백 평 땅에 농사 지어 먹고 살 수 있다고 생각하세요?"

어이도 없고 속도 상하고, 그리고 비참했다. 집에 돌아와 애꿎은 막걸리 잔만 비웠던 것조차 씁쓸하게 기억된다.

또 있다. 그해 겨울, 남편은 막일을 했다. 집 앞의 논을 경지 정리하는 일이었다. 거실 창문가에 서면 산 아래쪽 논에서 돌을 나르는 남편이 보였다. 농한기라 일도 없고 돈도 궁한 때였으니 따지고 보면 괜찮은, 아니 탐이 나는 아르바이트 거리였다. 실제로 나이가 많이 드신 어른들은 뽑히지 못해 서운해 하셨지만, 나는 남편이 그 일을 하는 것이 마음에 걸렸다. 남편은 괜찮다고 했지만, 그 겨울 내내 내 마음에는 갈등이 일었다. 어쩌면 내내 이렇게 살게 되는 것은 아닐까, 하는 두려움도 있었다.

다른 경우지만, 또 하나 생각나는 것이 있다. 시골에서 맞는 첫봄이었다. 집집마다 하우스에서 키운 고추모를 포트(모종을 내는 플라스틱 용기)에 옮겨 심는 고추모 가식이 시작되었다. 고추모 가식은 손이 많이 가는 일이어서 이집 저집을 돌며 품앗이 작업으로 여러 날 계속되었다. 우리집은 품앗이할 일이 없었지만 남편도 집집마다 쫓아다니며 열심히 거들었다. 처음 해보는 일이 신기하기도 했고, 마을 사람들과 어울릴 수 있는 좋은 기회라 생각했던 것이다. 스무 명도 넘게 둘러앉아 먹던 비빔밥이며 청국장 맛에 나도 남편을 부추겼다. 그러던 어느 날, 남편이 충주에 다녀오느라 일을 거른 집에서 서운하다는 말이 나왔다. 어이가 없었지만 좋은 경험이기도 했다.

시골에서는 노동력이 곧바로 돈이 되므로, 일이 생겼을 때 서로 도와주고 일 끝난 뒤 술 한 잔을 나누는 것으로써 정이 더 깊어지는 도시보다 삭막하게 느껴질 때도 더러 있다. 2001. 9

느는 게 의료기구

새벽녘부터 내리던 가랑비가 하루 종일 계속되었다. 가까운 청주만 해도 벌써 여러 차례 함박눈이 내렸다는데 이곳에는 아직 눈다운 눈이 한번도 내리지 않아 조바심이 나는 차였다. 지난 봄과 여름의 그 몸서리나던 가뭄이라니. 주룩주룩 소리까지 치며 내리는 비가 반갑기는 했지만, 늦가을처럼 황량한 들판을 보고 있노라니 기왕이면 눈이 올 것이지 하는 마음이 들기도 했다.

우편으로 배달되는 바람에 이른 석간이 되고 마는 신문을 옆으로 밀어놓고 물안개가 피어오르는 앞산을 멍하니 내다보고 있는데 전화가 울렸다. 옛 직장 동료였다.

"오늘같이 비 오는 날이면 삭신이 쑤시고 그러지 않아?"

친정과 시댁 어른들이 모두 농사를 지었으므로, 한가한 계절이면 몸뚱이 여기저기가 쑤시고 욱신거리는 농부병을 그이는 알고 있었다.

"아직 그 정도는 아니야. 몇 년이나 됐다구"라며 중얼거리는데 거실 구석에 놓인 부항기가 눈에 들어왔다. 비상 약품장에 얌전하게 들어 있는 저주파 안마기와 황토 찜질팩도 보였다. 시골생활 5년 만에 없어서는 안 될 살림이 된 그것들을 보며 조카는 "느느니 의료기구뿐이네" 하고 혀를 끌끌 찼었지.

겨울이면 이곳 사람들은 마을회관에 모여 점에 1원짜리 화투를 치거나 읍내나 장호원, 아니면 충주로 나간다. 용하다는 한약방이나 최신식 물리치료 시설을 갖춘 병원을 찾아 나서는 것이다. 새벽부터 어두워질 때까지 논으로 밭으로 쫓아다니느라 아프려야 아플 겨를도 없는 일철이 끝나고 한가한 계절이 되면 몸뚱이 여기저기에서 비명을 지르는 것이다. 팔다리가 욱신거리는 것은 기본이고, 밭농사 짓는 이들은 허리와 엉덩이가 뻐근하다 하고 과일 농사 짓는 사람들은 대개 어깨와 뒷목의 통증을 호소한다. 여름내 나무에 달린 열매와 씨름하기 때문이다.

마르기는 했지만 강단 하나는 마을에서 제일이라는 소연 할아버지도 올 겨울 통증이 심해 일주일 넘게 병원에 입원하셔야 했다. 충주로 문병을 다녀오던 길, 함께 동행한 나리 할머니와 한솔 할머니는 말이 없으셨다. 남의 일 같지 않았으리라.

어제 종일 콩을 턴 남편도 오늘은 아침저녁으로 부항을 떴다. 도리깨질이 마땅치 않아 그 많은 콩대를 널뛰기판 같은 판자 위에 놓고 작대기로 쳐댔으니 팔이 아플 수밖에. 어제는 윗집에서도 작대기로 콩 터는 소리가 하루 종일 들려왔다.

"아랫집 윗집에서 박자 맞추어 일하니, 재미있겠네."

급한 일이 있어 컴퓨터 앞에 앉아 있다가 허리를 펼 겸 간간이 밖에 나서면 남편은 노인네처럼 쪼그리고 앉아 콩을 털고 있었다. 먼지를 허옇게 뒤집어쓰고 일하는 것이 안쓰러워 내가 장난처럼 말하자 남편이 한 번 해보라며 작대기를 내게 넘겨주었다. 10분도 못 되어서 내 입에서는 "아이구, 팔이야" 소리가 절로 나왔다.

그렇게 하루 종일 쉬지 않고 일했어도 남편은 콩 터는 작업을 마무리하지 못했다. 오후에는 나도 앞밭으로 나섰다. 콩깍지에서 저절로 터져 사방으로 흩어진 콩알을 줍는 데만 세 시간이 더 걸렸다. 바람이 싸늘했다. 그래도 흙

냄새도 맡고 닭들이 구구대는 소리를 들으니 콧노래가 절로 나왔다. 콩알 줍는 아낙이 된 내가 대견하기도 했다.

농사일은 혼자 하면 몹시 쓸쓸할 것 같다. 힘도 더 들고. 일을 잘하지 못하더라도, 힘이 부족하더라도 누군가 옆에서 거들면 한결 수월할 것 같다. 함께 엎드려 일하는 식구가 있다는 생각만으로도 어려움이 조금 줄어들지 않을까.

콩 털기를 마친 남편의 손에는 물집이 여러 개 잡혀 있었다. 농사일이 쉽지 않다는 것을 요즘 들어 자주 실감하고 있다. 아무리 하고 싶어서 하는 일이라 해도 힘에 부친다면 마냥 즐겁기만 하겠는가? 농사에 익숙해지면 일도 수월해지고 힘도 붙겠지만, 그러면 어느새 우리는 늙어 있겠지.

아무리 일에 이골이 났다 해도 손이 필요한 것이 농사일이다. 지난번 태풍에 지붕이 날아간 아람이네 하우스에 비닐을 씌우던 날, 아람이 할아버지가 여북해야 나를 부르셨을까? 그날 머리가 허연 아람이 할아버지와 다리를 저시는 흑대문집 할아버지, 그리고 무슨 일인지도 모르는 채 슬리퍼를 끌고 따라 나선 나는 커다란 비닐을 붙잡고 한참동안 씨름을 했다. 볼일 보러 충주에 나간 남편이 있었으면 단박에 끝날 일이었다.

충주에서 과수원을 크게 하는 한별이네 집에 고만고만한 아이가 셋인 것도 다 이유가 있다. 내외 모두 아이를 좋아해서도 그렇지만, 시골에서는 그야말로 손 하나라도 더 필요한 것이다. 유치원 다니는 한별이가 벌써 한몫을 한다며 미소 짓던 젊은 한별 엄마의 선한 얼굴이 떠오른다. 2002.1

시골의 구경거리

벼 베기가 한창이다. 시골에선 콤바인이든 트랙터든 기계가 들어오는 것이 큰 구경거리이다. 소연 할아버지네 벼를 베던 어제, 나는 카메라까지 챙겨들고 구경에 나섰다. 이웃마을에서 온 젊은 농군 진규 씨가 소연 할아버지네 논에 콤바인을 들이대며 싱글거렸다. 선한 얼굴에 마음도 푸근하고 넉넉한 젊은 농군이다. 지난해 우리 논의 벼를 베어준 그이는 첫 수확이 남들보다 훨씬 적은 것이 마음에 걸렸는지 "그 벼 참 잘 됐다"를 연발하더니 축하의 막걸리라도 드시라며 콤바인 값을 깎아주어 우리를 감동시켰다.

"형수님, 모델료 주세요. 아까 사진 찍는 것 다 봤어요."

"그럼, 홍보료는 어쩌지요?"

"홍보료가 모델료보다 비쌀 텐데."

남편도 유쾌하게 거들고 나섰다. 가만히 서있으면 서늘함이 느껴지는 날씨였지만 남편은 땀을 뻘뻘 흘리고 있었다. 자식들이 모두 도시에 나가 있는 소연 할아버지네 콤바인 포대를 남편이 부렸던 것이다. 시골에서는 몸뚱이가, 그것도 젊고 힘 좋은 몸뚱이가 큰 재산이다.

나리네도 어제 아침에 벼를 베었다. 콤바인 기사의 점심을 마련하신 나리 할머니는 우리 내외까지 챙겨주셨다. 아직 속이 덜 찬 배추로 맛깔스럽게 무친 겉절이를 듬뿍 넣고 남편은 고추장을 크게 한 숟가락 넣어 밥을 썩썩 비볐다. 간장에 박은 무장아찌와 시어지기 시작한 총각김치가 맛있어 나는 또 과식을 하고 말았다. 상에서 일어나려니 밥이 목까지 차오르는 느낌이었다. 나리 할머니 등에 업힌 막내가 잠이 오는지 제법 앙칼지게 투정을 했다.

나리네 집에 들어서면 늘 마음이 그득해진다. 아래층 창고 뒤쪽엔 길쭉한 늙은 호박이 줄지어 서있고, 고추 건조기 용기마다 빨간 고추가 그득하다. 어제 수확한 벼는 환풍기가 돌아가는 작은 창고에서 벌써 마르고 있었다. 부지

런도 하셔라, 언제 만드셨는지 장독 위에 놓인 대나무 채반의 고추 부각은 어느새 꾸덕꾸덕 말라 있었다.

우리도 어제 수확을 했다. 두 그루 있는 대추나무에 달린 열매가 붉어진 것이다. 알은 굵고 여문데, 수확한 대추가 한 사발이나 될까. 그래도 어찌나 단지, 꼭지가 물러진 놈을 골라 세 개를 먹었다. 올 추석 제삿상에는 풍성하지

는 않지만 집에서 기른 대추를 올릴 수 있으리라.

　오늘은 석이네가 벼를 베었다. 장군이 컹컹 짖는 소리에 밖을 내다보니 말은 더듬지만 일 잘하는 석이 아빠가 경운기를 몰고 가고 있었다. 콤바인 포대가 쌓여 있는 경운기 짐칸 뒤쪽이 조금 비어 있었다. 조금 비어서 허전한 그곳에 석이 할아버지와 할머니가 타고 계셨다.

　"작년에는 쉰여덟 개나 했는데……."

　세 마지기 반 논에서 올해는 콤바인 포대로 마흔다섯 개밖에 안 나왔다 하시는 석이 할머니의 얼굴에 서운함이 완연했다. 얼마나 나왔는지 여쭈어본 것이 마음에 쓰였다. 농사라면 마을에서 다섯째 손가락 안에 꼽히시는 분들이었기에 틀림없이 풍작이려니 생각했던 거였다. 베테랑 농부도 이럴진대 간장골 우리 벼는 대체 얼마나 되려나, 나는 기운이 조금 빠졌다.

　석이네 경운기를 보내고 앞밭에서 마지막 고추를 땄다. 지난해는 김장거리 빼고 고춧가루를 내서 일년 먹을 정도는 되었는데, 올해는 에게! 소리가 절로 나오게 고추가 잘기도 하거니와 수량도 어림없었다. 그래도 그 가뭄, 그 역병을 꿋꿋이 버틴 놈들이니 기특하다 칭찬하며 빨간 고추를 땄다. 채반으로 겨우 세 개가 나왔다.

　채반에 널린 고추를 보고 있으려니 봄에 고사리 캐던 일이 생각났다. 흔히 고사리는 모여 나기는 하지만, 일부러 재배한 듯 모여서 나지는 않았다. 게다가 어린 고사리는 풀하고 비슷한 녹색이어서 초보 나물꾼인 내겐 여간해선 눈에 띄지 않았다. 함께 간 진서 어머니가 손가락으로 가리켜도 내 눈에는 보이지 않는 것이 수두룩했다. 아무래도 안 되겠기에 고사리는 포기하고 취나

물이나 해야지 하고 몇 개 꺾은 고사리를 아주머니께 건넸다. 내게 받은 고사리를 앞치마에 조심스럽게 담으면서 아주머니가 고개를 흔들며 말했다.
"나물은 그렇게 모으는 건데. 한 개씩, 한 개씩. 그러다 보면 앞치마가 어느새 그득해지는 건데……."
어찌 나물뿐이겠는가? 사는 것이 다 그런 것이거늘. 2001. 10

인터넷과 함께 새벽을 연다

귀농 3년째인 2000년 8월 1일, 우리는 '앙성닷컴(angsung.com)'이라는 인터넷 사이트를 열었다. 웹 디자인이 취미인 후배가 꼭 일주일 만에 뚝딱 지어준 집이었다. 시골생활을 막연히 동경하던 후배는 틈만 나면 내려와 우리 집 구석구석을 디지털 카메라로 찍어대더니만, 언제부터인가 시골 이야기를 담은 사이트를 만들자고 노래를 불렀다. 사진 원고는 충분하니 글만 내놓으라는 거였다.

망설임은 잠깐, 나는 지난 3년 동안 생각날 때마다 써내려간 일기장을 꺼냈다. 이렇다 하게 자랑할 만한 농사도 없이 시행착오와 실패가 이어지던 때에 허공의 집을 덜컥 지은 까닭은, 그동안의 시골생활에서 우리가 겪었던 희로애락을 가감 없이 전달하여 귀농을 생각하는 사람들과 함께 나누고 싶은 마음에서였다. 그리고 도시와 농촌을 잇는 일에 작은 도움이라도 되고 싶은 바람도 있었다. 지난날의 나와 같은 도시 사람들에게 농사를 지으면서 내가 느끼는 자연의 고마움, 농사의 즐거움과 어려움을 진솔하게 전달하고 싶었다.

또 하나, 비록 변변한 작물도 없었지만 인터넷을 통한 직거래도 염두에 두고 있었다. 유통의 문제를 뼈저리게 느끼고 있었던 것이다. 사이트에 우리가 살고 있는 마을, 앙성이란 이름을 붙인 것은 이곳에서 농부로서 오래도록 살고픈 소망을 표현한 것이었다.

20년을 넘게 직장생활을 한 탓에 컴퓨터가 낯설 수는 없었다. 그렇지만 나는 너무도 명민한 그 기계에 거부감을 느껴 늘 최소의 것만 익혔었다. 1997년 11월, 40여 년의 서울생활을 접고 시골로 내려올 당시, 내가 할 수 있는 디지털적 행위는 통신을 통해 메일과 파일을 주고받는 것이 고작이었다. 그래도 30여 가구가 모여 사는 우리 마을에서 컴퓨터가 있는 집은 우리 밖에 없었다.

첫해 겨울은 40여 년의 도시생활을 벗어났다는 해방감에 들떠 엄벙덤벙 잘도 지나갔다. 이미 인터넷이 생활화된 서울 친구들은 시골일수록 세상과 멀어지지 않으려면 인터넷을 배워야 한다고 성화를 댔다. 세상에서 멀어지려고 내려왔는데 그 복잡한 세상 속으로 내 발로 다시 걸어 들어가라니, 나는 콧방귀를 뀌었다.

이듬해 봄, 일죽 땅에 두릅을 심으면서부터 우리는 귀농의 고단함과 어려움을 호되게 겪기 시작했다. 때맞추어 우리나라를 강타한 경제위기도 한몫을 했다. 귀농인의 숫자가 늘어나고 있다는 보도가 자주 들렸다. 귀농자의 반 너머가 다시 도시로 떠난다는 것이 또 다시 기사가 되었다.

우리도 그랬지만, 준비되지 않은 귀농은 참으로 위험했다. 땅을 사고 집을 짓는 일에서부터 시행착오가 시작되었다. 농토를 마련하고 작물을 선택하고 농사를 지으니 더 큰 어려움이 이어졌다. 작물을 제대로 키우는 것도 어렵거니와 귀하게 키운 작물을 소비자에게 알리고 노력한 만큼 제값을 받고 파는 것 또한 문제였다.

인터넷을 배워야겠다는 생각이 자발적으로 든 것이 그때쯤이었다. 궁하면 통한다던가, 귀농 2년째의 겨울에는 혼자서 책을 들여다보며 익혀 인터넷에서 원하는 정보를 얻을 수 있는 정도는 되었다. 남편도 농림수산정보센터의 컴퓨터 교육에 참가하여 인터넷 기초를 익혔다. 그러면서 가슴 졸인 기억도 많다. 전선에 둥지를 트는 까치는 왜 그리도 많은지 툭하면 전기가 나가는 바람에 애써 쓴 글이 날아가기 일쑤였다. 여름이면 또 번개는 왜 그리 자주 치는지. 번개로 모뎀이 망가지면 돈도 돈이려니와 며칠이나 인터넷에 접속할 수 없었다.

또 있다. "웹사이트를 찾았습니다. 응답을 기다리는 중"이라는 메시지만 하단에 뜬 채 텅 빈 화면을 하염없이 들여다보던 것. 뜨지 않는 화면을 기다리다가 눈이 아파서, 또 전화요금이 올라가는 환청에 몰려 화면을 그냥 닫아버린 적이 허다했다. 도시 사람들은 클릭 한 번이면 동영상에 소리까지 팍팍 뜨는 초고속 인터넷을 하루 종일 켜놓고 그대로 외출도 한다던데. 정보화 시대니 디지털 시대니 해가며 인터넷을 모르면 바보 비슷한 세상이 되었는데, 시골 사람들에게는 총알도 안 들어 있는 총 하나 달랑 쥐어준 채 전장으로 내모는 것 같다는 생각이 들 때가 종종 있었다.

그렇게 홈페이지를 개설한 이래, 인터넷은 우리 생활의 일부가 되었다. 인터넷을 일컬어 흔히 정보의 바다라고 하지만, 내게 인터넷의 묘미는 무엇보다 쌍방향 커뮤니케이션이다. 건조하기 짝이 없는 기계의 이진법 기호에 사람의 숨소리가 실리는 것이다. 인터넷을 통한 만남은 또한 수평적 만남이다. 게시판에 올라 있는 초등학생의 글에 답글을 달 때도 내 마음은 다소곳하다.

이른 새벽이면 나는 버릇처럼 잠이 깨어 지나간 하루를 돌이켜보고 새로운 하루를 계획하여 시골생활 게시판에 올린다. 남편도 틈날 때마다 서툰 농사법이나마 영농일기를 기록한다. 기쁜 일에는 자신의 일인 양 박수를 쳐주고, 슬픈 일이면 따뜻한 격려와 위로를 주시는 분들이 우리에게 큰 힘이 된다. 귀농을 생각하는 사람들과 도시 사람들에게 농촌의 현실과 농사의 현장을 알리는 데 작으나마 도움이 되고 싶다는, 어쩌면 이런 터무니없는 소망도 한밤중에 나를 일으켜 세우는 것 중 하나이리라.

지금은 그동안 어깨 너머 익힌 요령으로 어줍게나마 인터넷 사이트를 내가 직접 관리하고 있다. 얼마 전에 큰맘 먹고 마련한 디지털 카메라는 시골생활을 한층 더 풍성하게 해주고 있다. 남편의 영농 기록에도 한몫을 하려니와 철철이 변하는 자연을 이해하는 데 더없이 소중한 도구이다.

사이트를 통해 도시의 많은 분들이 응원과 격려를 보내주시고 있다. 허공의 집에서 이루어진 소통과 나눔이 땅 위에서도 이어지는 것도 고마운 일이다. 이 같은 소통과 나눔이 부디 오래도록 이어지기를 기대한다. 2001.3

귀농, 무조건 아름다울까?

늦은 아침을 먹으면서 귀농인을 소개한 텔레비전 프로그램을 보았다. 서른을 갓 넘었다는 젊은이가 약혼녀와 함께 고구마를 캐고 있었다. 그이의 주변에는 홀몸으로 귀농하여 차를 만드는 젊은이도 있고, 무슨 농사를 짓는지는 모르지만 먼저 귀농한 부부도 있었다. 이웃하여 살고 있는 귀농인들이 모여 예비 농군 부부의 첫 수확을 축하하며 커다란 가마솥에 먹음직스럽게 고구마도 쪄내고 은박지에 싼 고구마를 아궁이에 넣으며 행복한 미소를 짓는 장면은 참으로 평화롭고 정겨워 보였다.

　방송 내내 따뜻한 이야기와 평화로운 그림이 이어졌는데, 어쩐 일인지 마음이 편치 않았다. 나는 설거지를 미루고 차 한 잔을 앞에 놓고 거실 창 밖으로 펼쳐지는 황금들판을 바라보았다. 들판 위로 방금 텔레비전에서 보았던 이들이 겹쳐졌다. 그지없이 행복해 보이는 그이들을 바라보면서 내 마음이 거북했던 것은 왜일까?

　우선, 방송이 끝날 때까지 마을 사람들이 하나도 보이지 않았던 것이 떠올랐다. 나도 마찬가지이지만, 도시에서 시골로 온 사람들 대부분이 마을 사람들과의 인간관계로 고민한다고 들었다. 내 주변의 귀농인들은 대체로 마을 사람들보다는 동료 귀농인들과의 교류를 더 편안하게 여기고 있었다. 우리도 처음에는 남편이 귀농교육에서 만난 인근 지역의 귀농 선배들을 찾아 다녔다. 경험도 없고 기반도 튼튼하지 않아 막막할 때, 먼저 시작한 선배들이 들려주는 경험담은 많은 도움이 되었다. 뿐만 아니라 이런 저런 사는 이야기를 나누면서 위로와 격려를 받기도 했고 비슷한 선택을 한 사람들끼리 나눌 수 있는 의지를 다지기도 했다.

　내가 만난 귀농인들 중에는 마을에서 단단하게 뿌리를 내려 작목반장이 된 이도 있었고, 마을 사람들과는 아예 담을 쌓고 지내는 이도 있었다. 그렇

지만 어떤 경우든 열이면 열 사람 모두 마을 주민들과의 갈등을 호소했다. 우리 또한 아무런 연고 없이 이곳에 들어온 이방인으로서 마을 사람들과 원만한 관계를 갖기 위해 노력했고 그로 인한 스트레스도 적지 않았다. 아버지 대에 시골에 내려왔다는 귀농 선배 한 분은 50년이 넘은 지금도 마을 주민들이 당신네를 가리켜 '서울에서 이사온 집'이라 부른다며 고개를 저었다.

한편으로는 조상 대대로 이곳에서 살아온 사람들의 심정도 헤아려졌다. 대를 이어 혈연과 지연으로 끈끈하게 얽혀 비슷한 삶을 살고 있는 이곳 사람들에게 도시에서 내려온 우리가 얼마나 낯설게 보였을까. 번듯하게 지은 새 집도 그렇고, 당신들은 보도 듣도 못한 컴퓨터에 인터넷이며 홈페이지를 운영한다는 것도 그렇고, 농사의 니은 자도 모르는 주제에 농약도 안 치고 화학비료도 안 치는 것도 그렇고, 자식이 없는 것도 그렇고, 기운을 아껴도 모자랄 판에 새벽마다 논둑을 달리는 것도 그렇고, 개가 아프면 열 일 제쳐놓고 충주에 있는 동물병원으로 달려가는 것도 그렇고.

우리의 경우에는 타고난 개인주의적 성격도 한몫을 하는 것 같다. 농사 규모가 작아 품앗이할 일이 거의 없는 것도 그렇다. 작물은 같아도 농사 방법이 다르니 마을 사람들과 경험과 기술을 나누기도 쉽지 않다. 아무튼 마을 사람들과의 인간관계야말로 모든 귀농인들이 풀어가야 할, 몹시 어려운 과제이다.

대부분의 언론 매체가 귀농에 대해 피상적, 낭만적으로 접근하는 것도 거슬렸다. 처음부터 끝까지 아름답고 평화로운 그림이 이어지던 아침 프로그램만 해도 그랬다. 도시든 농촌이든 생활이라는 것이 그렇게 늘 아름답기만 할까? 앞만 보고 달리기에 피곤한 도시 사람들을 위로하려는 의도에서 제작된 프로그램이라면 할 말이 없지만 말이다.

내 마음이 화면 속의 아름답고 평화로운 풍경을 보이는 그대로 받아들이지 못했던 것은 나 스스로 풍경 뒤에 있는 갈등과 어려움 때문에 고민하고 있어서이리라. 시골에 내려온 지 겨우 4년밖에 되지 않았지만 우리는 그동안 무수한 시행착오를 겪었다. 물론, 나는 이곳에서의 생활을 사랑한다. 아픔과 어려움도 많지만 만족하며 살고 있다. 그러나 확실한 것은 귀농 또한 하나의 삶의 형태이며 다른 삶과 마찬가지로 양면이 있다는 것이다. 2001.9

술상 앞에서 떠오르는 얼굴

열두 시가 넘어 점심을 준비하려는데 나리 엄마가 전화를 했다. 얼른 건너와서 점심을 먹으라는 거였다. 아침에 논으로 올라가는 길에 나리네 옥수수 밭에서 마을 사람들이 옥수수를 따는 것을 보았기에 품앗이 온 분들께 비빔밥이라도 내나 보다고 생각했다.

  나리네 거실에는 커다란 교자상이 두 개 차려져 있었다. 상 하나에는 아저씨들이 또 하나에는 아주머니들이 둘러앉아 있었다. 아주머니들 상에서 빈 그릇을 집어 부엌으로 들어가니 미역국 냄새가 구수했다. 도시에서 내려온 나리 고모들이 반갑게 인사를 했다. 아하, 막내 백일이구나! 그것도 모르고 빈손으로 왔으니 이걸 어쩐다?

  민망한 얼굴로 상 앞에 앉은 내 곁으로 나리 할머니가 오시더니 이 세상에서 제일 맛난 술이라며 술을 한 잔 따라주셨다. 평소에는 술 한 잔도 다 비우지 못하는 양반인데, 얼굴이 불쾌하신 것을 보니 손자가 좋기는 좋은 모양이다. 식사를 끝내고 뒤쪽으로 물러앉은 아주머니들이 서울 새댁은 그것 갖고 안 되니 한 병 더 내오라고 훈수를 들었다. 술병이 거의 비어 있었던 것이다.

세상에서 제일 맛나다는 술을 앞에 놓고 있으려니, 돌아가신 친정어머니 생각이 났다. 어머니의 술은 세상에서 제일 애달픈 술이었을까?

8년 전, 홀로 사시던 어머니는 몹시 힘든 시간을 보내고 계셨다. 당신 큰아들이 위암으로 사경을 헤매고 있었던 것이다. 혼자서 마음을 끓이고 계신 것이 안타까워 한사코 마다하는 어머니를 납치하다시피 우리집으로 모셔왔다. 아파트 거실에서 관악산이 한눈에 내려다보이니 성냥갑 같은 건물들만 보이는 당신 아파트보다 나을 것 같았다. 마음 같아서는 진종일 어머니와 함께 있고 싶었지만 직장에 다니기 때문에 저녁에나 뵐 뿐이었다.

퇴근길이면 나는 버스 정거장 앞 슈퍼마켓에서 청정 굴 한 봉지를 사고, 숨이 턱에 닿게 고개를 올라와 아파트 옆의 작은 구멍가게에 들러 막걸리를 샀다.

그 무렵 어머니는 '지름지름한' 음식이 좋다고 하셨다. 그게 무엇이냐고 여쭈면 "그냥 지름지름한 것"이라고만 하셨다. 사전에도 나오지 않는 그것이 무엇일까? 부침개도 좋아하시고 굴도 좋아하신다는 생각이 들어, 그렇게 산 굴로 부침개를 만들어 드렸더니 어머니는 "지름지름한 게, 참 맛나네" 하셨다. 지금 생각하니 어머니의 '지름지름'은 기름의 사투리인 '지름'과 물기가 많은 것을 뜻하는 '질다'를 한꺼번에 이른 것이 아닌가 싶다.

굴 부침개가 완성되면 나는 김치 한 보시기와 간장 한 종지를 작은 상에 차려 어머니 방으로 들여갔다. 부침개를 핑계로 술 못 드시는 어머니께 막걸리를 배워 드리려는 속셈이었다. 어머니는 맏아들 걱정에 밤잠을 이루지 못하셨던 것이다. 한사코 안 드신다고 고개를 흔드시던 어머니가 부침개를 안주

삼아 조금씩 막걸리를 드시기 시작했다. 두 잔쯤 드시면 가끔 "이 풍진 세상을 만났으니"로 시작되는 노래를 나지막이 부르시기도 했다. 그러나 어머니는 열흘도 못 되어 당신 집으로 가셨다. 당신 혼자서 오래 지내셨던 그곳이 편하셨던 모양이다.

그리고 열흘쯤 되었을까, 어머니가 병원 응급실로 실려 가신다는 전화를 받았다. 갑자기 숨을 쉴 수 없게 가슴이 벌렁댄다는 거였다. 나는 부리나케 병원으로 달려갔다. 얼굴이 붉어진 어머니가 응급실 침대에 누워 계셨다. 어머니의 상태를 의논드리기 위해 담당 의사를 만나러 가려는데 어머니께서 내 옷자락을 붙드셨다.

"분석아, 나 막걸리 먹어서 그래."

어머니 말씀에 나는 웃음이 나다 눈물이 나다 그랬다. 피골이 상접한 채 병원에 누워 있는 큰아들 생각에 가슴이 타셨으리라. "승남아!" 그렇게 혼자 아들의 이름을 부르며 과음을 하신 모양이었다. 그랬어야 겨우 석 잔이나 드셨을까.

어머니의 애타는 마음도 보람 없이 큰오빠는 그예 저 세상으로 가고 말았다. 당신 앞서 떠난 맏아들을 가슴에 묻고 힘들게 견디시던 어머니는 큰오빠의 49제가 되기 전에 세상을 떠나셨다.

"어여 마시지 않구 뭐 해?"

나리 할머니의 말씀에 나는 세상에서 제일 맛나다는 술을 얼른 비웠다.

"술 조금만 마셔!"

산에 가는 날이면 배낭 멘 내 등 뒤로 어머니는 그렇게 소리치셨다. 2001.7

그리운 어머니께
— 고비마다 당신을 떠올립니다

어머니,
 꽃샘추위라는 말을 이제야 알겠어요. 엊그제 종일토록 칼바람이 몰아치며 눈발마저 간간이 날리더니, 금방이라도 터질 듯 부풀어오르던 생강나무 꽃망울이 동작을 딱 멈추고 말았습니다. 오늘은 햇볕이 제법 따뜻합니다. 이틀 있으면 겨우내 잠자던 개구리가 기지개를 켠다는 경칩이에요. 어머니가 좋아하시던 은행이 생각나네요. 겨울이면 우이동 버스정류장 앞 포장마차에서 팔던, 연탄불에 구운 은행알 말이에요. 그거 한 봉지 사들고 들어가면 어머니는 속껍질을 벗기면서 그러셨지요.
 "옛날에는 경칩날에 은행알을 정표로 주고받았더란다. 은행나무는 암나무와 수나무가 따로 있는데 마주보고 서있기만 해도 사랑이 오고가서 열매를 맺는다잖니."
 가만히 보면 우리 옛 어르신들은 참 은근하고 낭만적이었나 봅니다. 우물가의 처녀가 물바가지 위에 나뭇잎을 띄워 나그네에게 건넸다는 이야기를 어머니께 처음 듣던 날도, 어린 마음이었지만 참 멋지다고 생각했지요.
 시골에 와서 서툴게나마 농사를 지으니 어머니 생각이 자주 납니다. 이제야 철이 조금 드나 봅니다. 어머니의 삶과 조금 가까워진 것도 같습니다. 절기를 따져 논 갈고 볍씨 담그고 볏모 심고 벼도 베니까요. 봄이면 논둑에서 냉이 캐어 어머니가 쓰시던 소쿠리에 담고, 장 담그던 날도 올이 촘촘한 어머니의 채로 소금물을 걸렀지요. 모서리가 떨어져 나간 키로 제가 지은 콩을 까부르기도 했답니다. 제가 태어난 공덕동 집 마당에서 어머니는 아침마다 그 키로 쌀을 까부르셨지요. 어머니가 하도 써서 올이 미어진 베 보자기로는 메주도 쑤고 떡도 찌지요. 어머니 시집올 때 가져오신 재봉틀은 또 얼마나 요긴하게요. 땀에 삭아서 찢어진 유서방 바지도 깁고 제가 서울에서 입던 멋쟁이 치마 싹둑 잘라 일할 때 팔에 끼는 토시도 만든답니다. 제가 참 많이 달라졌지요?

 어머니 세상 떠나시고 이태 지나 이곳에 내려왔으니, 시골생활이 올해로 벌써 7년째가 되어가네요. 잘생긴 느티나무에 끌려 아무런 연고 없이 자리 잡은 땅이, 무슨 인연인지, 어머니를 모신 곳에서 손에 닿을 듯이 가깝습니다. 엎드리면 코가 닿을 곳에 누워 계신 어머니를 저는 그동안 몇 번이나 찾아뵈었는지요. 그러면서도 크고 작은 일이 있을 때마다 어머니를 부르니, 어머니는 막내딸에게 그리도 거인이십니다.

 어머니 가신 이듬해에 저는 직장을 그만두었어요. 10년도 넘게 잘 다니던 직장을 그만 둔다 하니 주위에서 의아해 했지요. 시골에 내려간다 하니 많은 사람들이 걱정했습니다. 농사를 짓는다 하니 더 많은 사람들이 고개를 저으셨어요.

 우리가 처음 만났던 시절부터 유서방은 마흔이 되면 농부가 되겠노라고 입버릇처럼 말했답니다. 그때는 농사 짓는 것에 대해 별다른 생각이 없기도 했지만, 집과 직장을 오가며 다람쥐 쳇바퀴 돌 듯 살았던 제게 마흔이란 나이는 너무 아득한 미래의 일로 느껴졌어요. 그런데, 하루하루는 더디게만 가더니 10년이란 시간은 금세 갔습니다. 그리고 두 해가 더 지난 어느 날, 유서방이 시골로 내려가자고 하더군요. 서울에서 더 이룰 것도, 또 더 잃을 것도 없다는 생각에 저는 선선히 서울을 떠날 수 있었습니다.

그렇지만 처음부터 농사를 짓겠다는 생각이 제겐 별로 없었어요. 농사는 농부가 되겠노라고 노래를 불렀던 유서방이 짓고, 저는 그동안 못 읽은 책이나 실컷 읽고 심심하면 텃밭이나 매고, 그럴 생각이었지요. 지금 생각하면 한숨이 절로 나오게 철없는 생각이었지요.

시골에 와서 맞은 처음 농사철, 들일이 시작되고 며칠도 안 지나 농사는 함께 짓는 것이라는 것을 알았답니다. 들일은 참 외로웠어요. 햇볕은 쨍쨍 내리쬐고, 뽑아도 뽑아도 다시 나는 잡초는 두려움마저 느끼게 했어요. 그럴 때 저쪽 골에 엎드려 말없이 호미질을 하고 있는 유서방을 보면 버틸 힘이 생기더군요.

그렇게 시작된 들일이 그런데 제게는 구원이었어요. 흙을 만지면서, 작은 생명들을 만나면서 조금씩 철이 들었으니까요. 들에 엎드려 있으면 몸은 고되어도 마음이 편했습니다. 어렸을 적 어머니 품에 안긴 것처럼요. 그리고 예전에는 보이지 않던 것이 보이고, 들리지 않던 것이 들리기 시작했습니다. 풀, 꽃, 하늘, 구름, 그리고 작은 생명들이 사방에서 제게 말을 거는 것 같았어요. 서울에서도 주말마다 산에 다녔지만, 그때는 그저 산을 올랐을 뿐 정작 산은 보지 못했지요. 지금은 만물의 존재가 조금씩 보이는 것 같아요. 그리고 그 존재들과 제가 어떤 방식으로든 서로 연결되어 있음을 어렴풋이 느끼고 있습니다.

그렇지만, 어머니, 산다는 것이 어디 그렇게 좋은 일만 있을라구요. 농사일도 만만치 않고, 땅띔 못하겠는 날씨도 두렵고, 힘은 힘대로 들고 돈은 안 되는 현실도 암담합니다. 이웃으로 살아가야 할 사람들의 오래고 단단한 문화 앞에서 숨이 막히는 때도 더러 있지요. 그래도 어머니, 40년 넘게 자기 생각만 하고 살던 사람이 이 정도나마 농부 비스름한 모습이 된 것은 순전히 어머니 덕분입니다. 고비마다 어머니를 떠올렸으니까요.

4년 전, 생전 처음으로 피사리에 나선 날이었어요. 극심한 가뭄에 논바닥이 돌덩이처럼 굳어 첫 피사리는 더욱 어려웠지요. 굽힌 허리는 끊어질 듯 아프고, 다리에는 쥐가 나고, 땀은 비 오듯 흐르고, 땀 냄새를 맡은 물것들이 사정없이 달려드는데, 그런 고역이 없었어요. 땀에 삭은 유서방 작업복이 '부욱' 하고 찢어지던 소리가 지금도 귓가에 남아 있습니다. 그러나 아픈 허리와 얼얼한 손아귀보다 더 견디기 힘든 것은 도저히 끝이 날 것 같지 않은 막막함이었습니다.

그렇게 보름 가까이 계속된 피사리의 어느 순간이 지금도 너무나 생생합니다. 잎이 화살촉같이 생긴 보풀은 논흙에 깊숙이 손을 넣어야 뿌리까지 뽑아지지요. 힘을 준다고 했는데도 중간에서 끊어지고 만 보풀 줄기를 맥없이 들여다보고 있는데, 불현듯 어머니의 지갑이 떠올랐어요. 10년도 훨씬 넘은 고물이었지만, 막내딸이 첫 해외출장에서 사온 것이라며 어머니가 아끼시던 그 초록색 지갑 말이에요. 어머니 유품을 정리하다 발견한 그 지갑 한쪽에는 명함 다섯 장이 곱게 들어앉아 있었습니다. 아들 넷, 그리고 딸로는 유일하게 제것이 있었어요. 어머니의 삶은 자식들의 명함으로 그렇게 남아 있었습니다. 화살촉 보풀 잎 위로 눈물 한 방울이 툭 떨어졌습니다. 가운데가 동강난 보풀 줄기에서 왜 어머니가 떠올랐을까요?

제가 어렸을 적, 어머니 생신날에 쌀이 떨어져 수제비를 드신 적이 여러 번 있었다면서요? 저는 아주 한참 후에야 언니에게서 그 이야기를 듣고 깜짝 놀랐어요. 학부모 모임 때면 쪽진 머리에 진회색 사지 두루마기를 입고 단정하게 앉아 계시던 어머니에게는 가난의 남루함이 전혀 없었으니까요. 그러나 생각해보면, 제가 코흘리개 어린애였을 때부터 가랑머리 여학생이 되도록 어머니는 외출할 때면 늘 그 두루마기를 입고 계셨어요. 어머니가 견디어내신, 그리고 드디어 이겨내신 고통의 문턱에나 저는 들어선 것일까요?

어머니,

마음에만 담았을 뿐 어머니 생전에는 하지 못했던 말을 농사 지으면서는 얼마나 자주 뇌는지요. 어머니, 고맙습니다. 어머니, 사랑합니다. 흙 속에 누우셔도 어머니는 이렇게 자식을 살게 하십니다. 2004. 3

2. 농부들은 얼마나 더 착하게 살아야 할까

월수입 70만원, 평균연령 59세, 평균경력 34년, 주당 평균노동시간 56시간. 그러니까 일하는 시간은 제일 길고 돈은 제일 적게 버는 사람들이 농사짓는 사람들이었다. 그런데 우리는 제일 낫다는 농업인의 평균수입 수준에도 한참 못 미치네. 그러면서 남편과 마주 보며 쓸쓸하게 웃었다. 그래도 평균연령보다는 젊으니 희망을 가져야지.

"술 안 먹곤 못혀!"

두 내외만으로는 아무래도 안 되겠다고 하더니, 인구네 참깨밭에 오늘은 네 사람이 보였다. 품을 산 모양이었다. 장마가 오기 전에 참깨 모종 옮기고 북주는 일을 마쳐야 한다며 인구 아버지와 어머니는 어제까지 벌써 여러 날째 새벽부터 어둠이 내릴 때까지 참깨밭에 매달렸었다. 네 사람이 엎드려 있는 위쪽으로 아직 흙을 덮지 못한 비닐이 햇빛에 반짝거렸다. 도대체, 일은 언제나 끝이 날는지…….

엊저녁, 인구네 참깨밭 일이 대체 얼마나 남았나 보기 위해 남편과 함께 나선 길이었다. 마침 밭가 밤나무 그늘에 앉아 소주잔을 기울이던 인구 아버지가 남편에게 잔을 건넸다.

"허리가 끊어지는 것 같아, 술 안 먹곤 못혀!"

땀방울이 맺힌 얼굴을 찡그리며 인구 아버지가 아람이네 이야기를 전했다. 고장난 경운기와 씨름하던 아람이 삼촌이 그예 팔을 다쳤단다.

오늘 아침, 날이 훤해지자 아람이 할아버지가 남편을 찾아오셨다. 모종낸 콩이며 참깨를 간장골 비탈밭으로 옮겨야 하는데 탈것이 없어 애가 타신 것이다.

산속 비얄밭은 농사 짓기가 몇 배 더 어렵다. 높은 데다 가파르기까지 하니 기계를 들이지 못해 소를 부려야 하고, 새와 산짐승도 유난하여 콩이며 참깨를 심는 족족 파먹는다. 올해같이 가뭄까지 심해 싹이 잘 안 나올 때에는 모종까지 내야 하는 것이다. 오죽하면 "가뭄에 콩 나기"라는 말이 생겼을까. 오전 내내 아람이 삼촌 대신 모종을 나르느라 땀에 절어 돌아온 남편이 혀를 끌끌 찼다. 노인네 혼자 애쓰는 모습이 안쓰러웠나 보다.

며칠 전에야 복숭아 봉지 씌우기를 겨우 마친 순이네도 쉴 짬 없이 참깨밭에 매달려 김을 매고 있다. 인구네만 해도 한 시간에 한 줄은 맨다고 했는데, 순이네는 하루 온종일 엎드려 있어도 몇 줄밖에 진도가 나가지 않는단다. 내외가 사방에 흩어져 있는 과수원으로 뛰어다니느라 가뭄을 타는 밭을 돌보지 못해 잡초가 극성을 부린다는 거였다.

재작년까지만 해도 날씨 걱정이 이렇게 크지는 않았다. 처음 이곳에 왔을 때, 언덕 위를 가로지른 저수지 둑을 보고 우리 식구들은 고개를 저었다. 홍수 때 둑이 무너지면 어떻게 하느냐고 큰언니는 걱정하셨다. 마침 마실 오신 인구 아버지가 이곳은 예로부터 큰 홍수도 큰 가뭄도 없는 곳이라며 언니를 안심시켰다.

시골에 온 후 첫 3년은 인구 아버지의 말이 맞는 듯했다. 모종이 뿌리를 못 내려 애가 탈 때쯤이면 빗줄기가 지나갔고, 비가 너무 잦다 싶으면 다음날은 해가 났다. 70년 만에 처음이랬다, 80년 만에 처음이랬다 드디어는 100년 만에 처음이 된 지난해의 가뭄은 지금 생각해도 고개가 절레절레 저어진다. 실낱같이 흐르는 개울물을 논에 가두기가 어찌나 어려웠는지 손바닥만한 논에 모내기를 마치는데 꼭 한 달이 걸렸다. 얼마 전 떨어진 우박으로 아래 지역은 수박과 담배가 완전히 망가졌단다.

장마 소식이 있는데 올해는 무슨 일이 생길까 마음이 조마조마하더니, 그예 일이 터졌다. 간장골 논에 올라가 논둑을 정비하던 남편이 허리를 다쳐 돌아온 것이다. 삽질을 하다가 허리를 삐끗했다며 쓸쓸한 표정을 짓는 남편의 얼굴이 며칠 새에 부쩍 늙어 보였다. 남편 스스로도 아픈 것보다 나이는 속이지 못한다는 생각이 더 힘든 것 같았다. 웬만하면 병원까지 갈 생각을 안 했을 터인데, 남편은 다른 볼일도 있다며 충주의 한방 병원에 다녀왔다. 구부정한 허리에 연분홍색 복대를 찬 남편의 모습에 웃음이 나올 법도 했지만, 어쩐 일인지 웃음 대신 자꾸 한숨이 쉬어졌다. 몸이 불편하면 마음이라도 편해야 할 텐데, 비감한 생각만 드는 거였다.

    간장골 비탈밭에서 기도하는 자세로 참깨밭을 매던 흑대문집 할아버지가 떠올랐다. 어둑해져서 저만큼 앞이 안 보이는 산길을 지팡이에 의지하여 절뚝거리며 내려가시던 모습도 두고두고 생각날 듯싶다. 하늘에 기대 사는 농부들은 더 착하게 살아야 할 것 같다. 그리고, 그렇게 살고 있지 않은가?
2002. 6

세월 따라 변해가는 새참 풍습

'부릉 부르릉' 요란한 소리를 내며 들판에 난데없는 오토바이가 나타난다. 시끄럽기로 말하자면야 경운기가 더 하지만, '딸딸딸딸' 소리를 내는 경운기는 정다운 구석이 있는데 오토바이 소리는 방정맞기만 하다. 다시 '부~웅' 소리를 내며 오토바이가 밭둑에 서면 뒤에 묶인 은빛 철가방이 햇빛을 받고 반짝인다. 읍내 중국집에서 자장면과 짬뽕이 구불구불 십리 고개를 넘어 도착한 것이다.

　우리 마을의 품앗이 들일에는 대개 열 시 반께 오전 새참이 나오고, 오후 한 시에 점심, 오후 네 시께 다시 새참이 나온다. 세 끼 음식을 준비하려면 주인 아주머니는 전날 저녁부터 종종걸음을 쳐야 한다. 새참 단골 메뉴인 칼국수를 내려면 얼갈이배추라도 무쳐야 하고 점심에는 칼칼한 반찬 두어 가지에 얼큰한 찌개도 준비해야 하니 읍내 장도 봐야 한다.

　칼국수만 해도 콩가루 넣고 밀가루 반죽하여 밀대로 얇게 밀어 실낱같이 가느다랗게 썰어야 한다. 얼갈이배추 겉절이야 전날 밤에 준비한다지만 장국 끓여 들에 내가자면 족히 두어 시간은 걸린다. 새참 설거지하면 곧바로 점심 준비를 해야 하니 주인 아주머니가 일할 시간은 거의 없는 셈이다. 부지깽이 힘이라도 빌리고 싶게 바쁜 들일에서 일손 하나 빠지는 것은 엄청나다. 하물며 구석구석 당신 몸 같이 아는 당신 집 밭일이니 애가 탈 수밖에 없다.

　그래서인지 요즘은 우리 마을 사람들도 새참이며 점심을 읍내 음식점에서 배달시키는 경우가 종종 있다. 주인은 시간도 벌고 일손도 버니 좋고, 품앗이하는 이들은 오랜만에 외식하는 기분이니 좋다고들 한다. 새참은 대개 자장면이나 짬뽕이 나오고 점심은 찌개 종류가 나온다. 점심 메뉴에도 유행이 있어서 한동안은 얼큰하고 걸쭉한 내장탕이 잘 나오는가 싶더니 요즘은 칼칼한 된장찌개가 인기이다.

　들일에서 또 하나 빠질 수 없는 것이 술이다. 술도 세월 따라 변하는가, 우리 마을 사람들은 막걸리보다 소주를 좋아하는 편이다. 말간 소주를 물컵에 따라 크윽 소리를 내며 들이켜는 모습을 보면 노동의 고단함을 잊고자 하는 안간힘이 느껴져 마음이 짠하다. 걸쭉한 막걸리는 그래도 넉넉함이 느껴지는데.

새참에 곁들이는 술 이야기가 나올 때면 또 하나 빠지지 않는 것이 있다. 어머니는 밥과 반찬을 광주리로 머리에 이어 나르고 아이들은 막걸리 주전자와 물 주전자를 나르던 시절, 새참 심부름 가는 길에 주전자 꼭지에 입을 대고 막걸리를 한 모금씩 마시는 아이들이 꼭 있었단다. 너나 할 것 없이 배고팠던 시절, 물보다 막걸리가 든든하다는 것을 아이들도 알았던 것일까. 한 모금 두 모금 마시는 사이에 자기도 모르게 술에 취한 아이는 딸꾹질하며 갈짓자로 걷다가 개울에 빠지고 길에서 자빠지는 바람에 막걸리를 다 쏟고는 잉잉 울었더란다.

남편이 마을일을 도와주는 날이면 나까지 덩달아 점심에 초대받는 경우가 더러 있는데, 그때마다 매번 듣게 되는 이야기가 있다. 몇 년 전이라던가, 고추가 대박을 터뜨리던 해에는 이곳 사람들이 '새이'라고 부르는 새참에도 맥주가 나왔다고 한다. "그러게 말이야. 그땐 참 좋았지" 하며 그때를 추억할 때는 주름진 얼굴이 다 펴지는 것 같았다.

새참 풍습은 지역에 따라서도 많이 다른 모양이다. 충주에서 사과 농사를 짓는 젊은 한별 엄마는 일이 많은 철이 오면 걱정이 이만저만이 아니다. 그쪽은 품앗이 일꾼들이 오는 날이면 점심은 물론 새참도 꼭 집에서 준비한 것을 내가야 한단다. 덕분에 음식 솜씨는 많이 늘었지만 찌개며 반찬 걱정에 스트레스도 받고 몸도 고되다고 했다.

원주에 사는 황희네 복숭아 봉지 싸는 날 보니, 품 팔러 온 아주머니들이 점심은 집에서 싸온 도시락으로 해결하고 새참은 황희네서 준비한 빵과 우유로 때우는 것 같았다.

우리 마을은 그 중간인 모양이다. 지난번 읍내까지 같이 차를 타고 나간 철이 할머니는 읍내 식당에서 음식을 산골짜기 논이며 밭까지 배달해주니 돈은 들어도 음식 만들 걱정은 없어서 좋다고 하셨다. 그렇지만 돈도 그렇고, 또 아무려면 식당 음식이 가정집 음식만 하겠냐며 아무리 바쁜 때라도 꼭 집에서 음식을 준비하는 댁도 여럿 있는 것 같다.

논하고 과수원이라야 소꿉장난같이 작은 규모인 우리는 죽이 되든 밥이 되든 내외가 해결하므로 품앗이할 일이 거의 없다. 일이 길어질 것 같으면 보온병에 끓는 물을 담고 컵라면과 찬밥에 김치 하나 달랑 챙겨 올라간다. 한여름의 피사리 일철에는 다랑이 논에서 과수원 원두막까지 가는 것도 귀찮아 논장화 신은 채 개울 옆 그늘에 털썩 주저앉아 컵라면에 찬밥을 말아먹곤 했다.

이제는 제법 요령이 생겨 새벽부터 서둘러 올라가 오전일 끝내고 집에 내려와 늦은 점심을 먹고 낮잠도 한숨 자고 해가 중천에서 비껴갔다 싶은 때 다시 올라간다. 이른 아침, 과수원 원두막에 앉아 시냇물 소리와 새소리를 들으며 한 잔의 커피를 마시노라면 그 어느 소문난 카페도 부럽지 않다.

그리고, 막걸리! 지금 생각해도 웃음이 나지만, 남편이 시골로 가자 했을 때 제일 먼저 떠오른 그림이 논둑에 앉아 막걸리를 사발로 주욱 들이키고 흙 묻은 손으로 입가를 쓰윽 닦는 광경이었다. 들일 갈 때면 호미보다도 막걸리를 먼저 챙기니, 나는 꿈꾸던 삶을 사는 것일까. 한여름 땡볕 아래서 들일하다 논둑에 앉아 막걸리 한 사발을 쭉 들이켜면 갈증뿐만 아니라 못 견디게 아픈 허리의 통증도 잠시 잊을 수 있다.

머리에는 음식 가득 담은 광주리를 이고 한 손에는 막걸리 주전자를 들고 구불거리는 밭둑을 걸어가는 아낙의 뒷모습이야 더없이 정겨워 보이겠지만 시골의 속내가 그렇게 여유롭지 못하다. 일 도와줄 자식들은 다 떠나고 나이 드신 분들만 남은 집이 대부분이기 때문이다. 2002. 6

농사꾼 망치는 사람

"아니, 이거 농사꾼 다 망치려는 것 아냐? 난 그런 사람허군 일 못혀!"

작업반장 격의 아주머니가 자리에서 벌떡 일어나 소리를 질렀다. 더위와 흙먼지로 달아오른 아주머니의 얼굴이 더욱 벌게졌다.

마을에서 마음 맞는 농가들이 모여서 만든 친환경농업 모임의 회원농가에서 재배한 감자를 마을 창고에서 선별하던 중이었다. 상품으로 분류하기에는 드러나게 작은 감자를 상품 상자에 담는 아주머니에게 드린 말씀이 신경에 거슬렸던 모양이다. 모임의 인터넷 사이트를 통해 직거래로 처음 나가는 작물이었기에 더욱 신경이 쓰였다. 아주머니 편도 내 편도 들 수 없는 감자 주인, 유미 아빠는 애꿎은 머리만 벅벅 긁고 있었다.

"내가 감자 일 다닌 게 벌써 몇 년인게! 일 못헌단 소린 아직 한 번도 못 들어봤어. 이것저것 다 빼면, 그럼 농사꾼은 뭘 먹구 살어?"

아주머니는 머리에 쓴 수건을 끌러 활활 털며 휑하니 집하장 밖으로 나갔다. 그이와 함께 감자를 고르던 아주머니들이 일손을 놓고 더러는 당황한 얼굴로 더러는 시원하다 싶은 표정으로 나를 쳐다보았다. 아주머니들 뒤로 감자가 산더미 같이 쌓여 있었다. 웃자, 웃어! 나는 마음을 단단히 먹고 아주머니 뒤를 쫓아갔다.

"제가 아직 젊어서 눈이 밝아 그런가 보네요. 그렇지만, 제가 수도 없이 드렸던 말씀은 아시지요?"

"그거야 내가 왜 몰라? 농사 잘 짓고, 제값 받자는 거 아녀?"

이야기가 몇 마디 오가자 아주머니는 슬그머니 화를 풀었다. 노여움보다는 농사의 니은 자도 모를 것 같은 사람에게서 지적당한 민망함이 더 컸던 것이다. 상자 위쪽에는 큰 것을 담고 아래쪽에는 작은 것을 넣는, 속박이라는 관행이 하루아침에 고쳐지리라 생각한 것은 아무래도 무리였다. 첫 번째 선별작업을 하던 날도 나는 유미네 감자밭에 나가 아주머니들에게 차라리 작은 알을 위에 담으라고 입이 닳도록 말했다.

그날 저녁, 유미 아빠가 싣고 온 감자 상자에서 두 개를 꺼내 바닥에 쏟았다. 굵은 감자 위로 너무하다 싶게 작은 알들이 쌓였다. 눈앞이 아득했다. 나름대로 애를 쓴 유미 아빠도 얼굴이 허예졌다. 유미 아빠와 유미 엄마는 선별작업을 다시 하느라 그날 밤을 세워야 했다. 상품으로는 작고 중품으로는 아깝다 싶은 감자가 나올 때마다 아주머니들은 감자를 몇 번이나 들었다 놓았다 하다가는 그예 상품 상자에 넣곤 했다. 땡볕 아래서 호미로 하나씩 캐낸 감자알이 당신 새끼 같이 느껴졌을 것이다. 작을수록 마음이 더 짠했겠지.

서울에 살던 때 투명 플라스틱 상자에 담긴, 보기만 해도 먹음직스러운 딸기를 덥석 집어왔다가 실망했던 기억이 어디 한두 번인가. 위칸에 가지런히 담긴 크고 잘생긴 딸기를 들어내면 아래쪽에는 잘고 못생긴 녀석들이 아무렇게나 담겨 있었다. 그러나 생각해보면 사람도 키 큰 사람, 키 작은 사람, 잘생긴 사람, 못생긴 사람이 있어, 모두가 저마다의 몫을 하며 살고 있지 않은가. 너도 나도 크고 잘생긴 작물만 찾는다면 못생기고 작은 것은 어떻게 해야 하는가? 그냥 버려야 한단 말인가? 다 같은 감자인데 크기가 다르다고 상품, 중품, 하품으로 나누어야 하나? 미친 듯이 널뛰기를 하는 농산물 가격은 또 어쩐단 말인가?

유미네 감자를 내는 동안 나는 매일 도매가격을 조사했다. 대체로 가격이 좋지 않은 데다 널뛰기가 심했다. 20킬로그램 상품 한 상자가 6천 원까지 내려가기도 했다. 그래도 충주의 대형 마트에서는 감자 1킬로그램에 1,200원을 받고 있었다. 일산 조카를 통해 알아보니, 그쪽은 소매가격이 더 비싸 1,500원이 넘었다.

하긴, 옥수수 30개들이 한 자루에 2천 원씩 받고 농협에 냈다는 나리 할머니의 이야기를 듣고 한숨을 쉬었던 것이 엊그제 일이다. 농협에 내는 수수료와 하차비를 떼고 나면 씨앗값도 건질 수 없는 가격이었다. 있는 대로 기운이 꺾인 채 옥수수를 가리시던 나리 할머니의 얼굴이 떠올라 다시 한숨이 나왔다. 이게 어디 농사 짓는 사람들만 고민해서 해결될 문제란 말인가? 이러다가 정말 내가 유미네 감자 농사를 다 망치는 것은 아닐까? 유미네 감자 내는 내내 이런 저런 생각에 잠 못 이루는 밤이 이어졌다. 2002. 7

어머니의 재봉틀

유난히 마음이 허둥대는 날이 있다. 몸은 하난데 해야 할 일이 사방에 널려 있으니. 지난번 봉지 씌울 때 빼먹은 가을 복숭아 봉지도 씌워야 하고, 벼 사이로 삐죽삐죽 올라온 잡초도 뽑아야 하고, 늦게 심은 옥수수도 살펴야 하고, 몽둥이만큼 커진 열매를 매단 채 쓰러진 가지도 일으켜 세워야 한다. 그러나 꼽아보면 바깥뿐만 아니라 집 안에도 해야 할 일이 태산이다. 화분에 물도 줘야 하고, 어지럽기 짝이 없는 작업실도 정리해야 하고, 아직도 옷걸이에 걸려 있는 겨울 작업복도 빨아야 하고, 허접쓰레기가 널려 있는 베란다도 치워야 한다.

허둥대는 마음을 비웃기라도 하듯 이번에는 몸이 널브러진다. 온몸이 물 먹은 솜같이 천근만근이 되어 자리에서 일어서려면 나도 모르게 끙 소리가 난다. 정신도 차릴 겸 차나 한 잔 마시려고 물을 올려놓고 식탁 앞에 앉았는데 벽에 붙여놓은 앉은뱅이 재봉틀이 눈에 들어왔다. 순간, 푹하고 웃음이 터져 나왔다.

"아줌마, 양말에 빵꾸 났어요!"

약속된 초고속인터넷 설치가 자꾸 늦어지는 바람에 담당자에게 계속 전화로 문의와 항의를 하던 때였다. 전화 통화만으로는 안 되겠다 생각했는지 담당자가 집으로 직접 찾아왔다. 선은 이렇고 후는 이렇고, 꼬치꼬치 따지는 내가 그이는 많이 얄미웠나 보다. 마침 걸려온 전화를 받기 위해 일어선 내 뒤통수에 대고 그이가 소리를 질렀다.

"아줌마, 양말에 빵꾸 났어요!"

돌아보니 그이는 빙글빙글 웃고 있었다. 빙글거리는 웃음이 "잘난 척은! 빵꾸난 양말이나 꿰매 신을 것이지" 그렇게 말하는 듯했다.

아닌게 아니라 남편것도 그렇고 내것도 그렇고, 성한 양말이 별로 없다. 남의 집에라도 들어갈라치면 구멍 사이로 쑥 나온 발가락 때문에 민망했던 기억이 한두 번이 아니다. 흙구덩이에서 하는 일이 대부분이니 흙 알갱이나 작은 돌멩이가 장화 속으로 들어가 양말에 쉽게 구멍을 내는 모양이다.

땡볕 아래서 조금만 몸을 움직여도 땀이 비 오듯 쏟아지니 옷도 배겨나지 못한다. 땀에 삭은 작업복은 무릎 부분이 칼로 벤 것처럼 찢어지기 일쑤이다. 친정어머니가 결혼할 때 가져오신, 70년이 넘은 앉은뱅이 재봉틀이 그래서 이곳에서는 골동품이 아니라 실용품으로 쓰인다. 조금 느리게 손잡이를 돌리면서 옛 생각에 잠기는 것도 오늘같이 게으름을 피우고 싶은 날에는 나쁘지 않으리라.

천장에는 까만 줄에 매달린 알전등이 빛나고, 아직 젊은 어머니는 양말 속에 필라멘트가 나간 알전등을 넣고 구멍을 기우셨다. 한쪽 무릎을 세우고 단정하게 앉아 어머니는 부지런히 바늘을 움직이셨다. 바느질하는 어머니를 턱 고이고 엎드려 쳐다보던 막내딸이 이제 코 위에 돋보기 안경을 얹은 채 그 옛날 어머니가 쓰시던 재봉틀로 땀에 삭은 남편 작업복을 누빌 줄이야.

어머니가 쓰시던 물건들 중에서 시골에 와서 진가를 발휘하는 것들이 또 있다. 소쿠리, 채, 키, 베 보자기, 채반. 서울에서는 뽀얗게 먼지를 뒤집어쓴 채 창고 한쪽에 처박혀 있던 그것들이 이곳에서는 제 구실을 톡톡히 하고 있다. 그 중에서도 제일 애착이 가는 것이 베 보자기이다. 모두 오랜 세월 어머니의 손때가 묻은 것이어서 정이 가지만, 베 보자기는 당신께서 손수 지으신 것이어서 더욱 소중하게 느껴진다.

생전 처음 우리 손으로 지은 콩으로 메주를 쑤던 날, 나는 쓰일 곳을 찾지 못한 채 오랫동안 싱크대 서랍 속에서 잠을 자던 베 보자기를 꺼냈다. 여섯 쪽의 조각천이 얌전하면서도 야무지게 이어진 베 보자기는 그 오랜 세월에도 칼칼하게 날이 서 있었다. 어머니는 이 베 보자기를 무엇에 쓰셨던 것일까, 닳아서 군데군데 올이 미어진 보자기를 보자 메주 만드는 날이라고 일부러 건너오신 소연 할머니께서 탄성을 지르셨다.

"어찌 이런 게 다 있누!"

네모난 메주틀에 베 보자기를 펼쳐놓고 푹푹 삶아 으깬 콩을 담는 동안 소연 할머니는 바늘땀이 촘촘한 솔기를 여러 번 만져 보셨다.

어느 해, 어머니는 겨울 내내 재봉틀질을 하셨다. 일일이 풀 먹이기도 번거롭고 떨쳐입고 외출할 일도 별로 없다면서 모시 저고리를 뜯어 적삼을 만들고 모시 치마로는 잠방이를 만드셨다. 너도 하나 입으련, 하며 건네주신 모시 적삼 하나가 지금도 옷장 서랍에 곱다랗게 남아 있다. 2002. 8

애달픈 복숭아 이야기

"우리 순이 결혼 밑천으로 부었던 건데……."

5년짜리라던가, 만기가 1년이 채 안 남은 적금을 해약하기 위해 농협에 가는 순이 어머니를 뒷좌석에 태우고 가는 길이었다. 한숨소리에 이어진 순이 어머니의 탄식에 남편도 나도 할 말을 찾지 못했다. 차창 밖으로 눈물처럼 비가 내리고 있었다. 읍내로 가는 고갯길은 오늘 따라 왜 그리도 구불거리는지. 순이 어머니와 나는 몸이 한쪽으로 쏠릴 때마다 그것을 핑계로 '아이구~' 긴 한숨을 토해냈다. 그 지긋지긋한 비 때문이었다.

　6월말에서 8월초, 초등학교 시절에 외웠던 우리나라 장마 기간은 지금도 또렷하건만, 언제부터 새로 생겼는지 두 번째 장마가 꼭 8월초부터 시작되었다. 복숭아 중에서도 특히 달고 맛이 좋아 그래도 돈이 된다는 미백을 순이네가 처음 따던 날이 8월 5일이었다. 그날부터 시작된 비가 벌써 열흘째 줄기차게 내리고 있다.

　첫 번째 복숭아를 내자마자 폭우가 이어져 순이네는 여러 날 복숭아를 따지 못했다. 나흘째 되던 날, 더는 기다릴 수가 없어 순이 아버지와 어머니는 양동이로 퍼붓는 듯한 비를 맞으며 복숭아를 땄다. 비닐로 꼭꼭 씌운 복숭아 상자를 실은 경운기 뒤를 따라가는 순이 어머니의 얼굴이 눈물인지 빗물인지로 번들거렸다.

　복숭아 농사를 준비하던 올 봄 내내 순이 어머니는 소녀처럼 들떠 있었다. 올해 처음으로 저농약 농사를 시작하는 데다 마을에서 새로 시작한 친환경 농업 모임의 인터넷 사이트를 통해 직거래까지 하게 된다니 기대가 컸던 것이다. 게다가 한창 크고 있는 나무도 많아 올해는 수확량이 훨씬 많아질 테니, 잘하면 내년에 대학에 들어가는 순이의 등록금도 나올 것이라고 내심 생각했으리라. 그런데 등록금은커녕 생활비도 못 건지고 적금까지 해약하게 되었으니 얼마나 허망하랴.

낙과가 심해 복숭아 수확량이 지난해의 절반밖에 안 되는 데다 계속되는 비에 당도까지 떨어져 순이네는 인터넷으로 들어온 주문마저 포기해야 했다. 비는 비고 맛은 맛이라는 소비자를 만족시키려면 그 방법밖에 없었다.

비가 잠시 뜸한 틈을 타서 순이네 복숭아밭에 올라가 보니, 참담하기 이를 데 없었다. 비바람을 못 견디고 떨어진 복숭아가 사방에 널려 있었다. 주문한 지가 언제인데 복숭아를 왜 안 보내느냐고 독촉하는 소비자들에게 사정을 알리기 위해 카메라를 들고 나선 참이었다. 나무 아래 널브러진 복숭아를 보니 나도 모르게 눈물이 흘렀다. 내가 이럴진대 복숭아 주인이야 오죽하겠는가.

땅에 떨어진 복숭아 위로 이틀 전 서울에서 보았던 복숭아가 겹쳐서 떠올랐다. 오랜만에 서울에 올라간 내게 맛난 것을 해주겠다며 친구는 집 근처의 슈퍼마켓으로 나를 데려갔다. 친구가 장을 보고 있는 동안 과일 진열대를 둘러보는데 눈에 익은 상자 하나가 보였다. "양성 복숭아", 그렇게 적힌 상자 옆면에 생산자의 이름이 쓰여 있었다. 우리 마을에도 흔한 성씨에 이름의 돌림자 또한 익숙했다. 복숭아에서 눈을 떼지 못하는 내게 주인아주머니가 물었다.

"복숭아가 참 크고 좋지요?"

"네. 한 알에 얼마예요?"

"3천 원이요."

"네? 얼마라구요?"

"3천 원이요."

한 상자에 열두 알이 담겨 있었으니 한 상자에 4만 원이 가까웠다. 벌써 반 너머 팔려 나가 빈 자리가 더 많은 상자를 바라보고 있으려니, 요즘 들어 더

까매진 듯한 순이 어머니의 얼굴이 눈앞을 지나갔다. 낙과도 많은 데다 장마 때문에 값까지 형편없이 떨어져 밤에도 잠이 안 온다고 그이는 말했었다. 소비자가 내는 돈의 절반만이라도 순이 어머니의 주머니로 들어온다면 그이는 이번에는 좋아서 밤잠을 설칠 텐데.

농협 앞에 순이 어머니를 내려드리며 남편이 말했다.

"순이 시집가려면 아직 시간 많으니, 힘내세요."

"그럼유, 순이 말마따나 이번 비에 가축 잃고 집까지 잃은 사람들도 있는데유. 그 사람들한테 비하면 우리야 암것두 아니지유."

까맣게 그을린 순이 어머니의 얼굴에 쓸쓸한 웃음이 번졌다. 과부 사정은 정말 과부만 알아주는 걸까?

며칠 전 이른 아침, 인터넷 주문으로 마을 친환경농업 모임의 복숭아를 받았다는 아주머니의 전화를 받았다. 자신의 소개가 끝나자 아주머니는 대뜸 목소리를 높였다.

"누가 이렇게 맛대가리 없는 복숭아를 돈 주고 사먹겠어요? 한두 푼도 아니고!"

따다다 속사포처럼 쏟아지는 말이 끝나기를 기다려 설명을 드렸다. 비가 계속 오는 바람에 복숭아 당도가 떨어져서 사이트를 통해 양해를 구하고 있다는 내 말을, 그러나 그이는 도통 귀담아 들으려고 하지 않았다.

"비가 거기만 왔대요? 그리고, 당도가 떨어졌다면 양심적으로 팔지를 말았어야지! 맛있다더니만, 이거 사기 아냐!"

입이 닳도록 죄송하다는 말을 되뇌는 내 마음이 복잡했다. 온 나라에 비가 왔건만 그것과 상관없이 맛난 복숭아를 먹어야겠다는 도시의 소비자도 딱했고, 어떻게 하든 복숭아를 내야만 먹고 살 수 있는 농가도 딱했고, 미친 듯 널뛰는 복숭아 가격도 딱했고, 열흘 넘게 비를 쏟아대는 하늘도 딱했다. 딱하기만 한 이 일들을 옛날 이야기하듯 담담하게 말할 수 있는 세월이 과연 오기는 할 것인지. 2002. 8

술 마실 핑계가 어디 한둘인가

창 밖으로 비가 추적추적 내린다. 올 여름 비는 참 질기기도 하다. 복숭아 과수원의 풀을 베겠다며 경운기 끌고 남편이 간장골로 향했을 때만 해도 간간이 해가 났었는데. 서울 사는 후배의 전화를 받았을 때 이곳은 구름만 끼었을 뿐 비는 오지 않았다. 서울은 그때 벌써 비가 오는 모양이었다.

"비 오는데 뭐 해? 묵은 김치 송송 썰어 넣고 부침개해서 낮술 한 잔 하면 딱 좋겠네."

마침 귀신 나오게 어지러운 작업실을 정리하다가 이것저것 끄적거리는 공책을 뒤적이고 있던 차였다. 귀로는 후배의 여름휴가 이야기를 들으면서 눈으로는 공책을 훑고 있는데, 거기 또 낮술 이야기가 있었다.

> 바람은 불지만 햇살이 좋다. 오전 내내 나는 잘 안 읽히는 책과 씨름을 했고, 근세 씨는 전화기를 붙잡고 도시의 선배와 친구들에게 새해 안부를 전했다. 그는 토씨 하나 안 바꾸고 매번 똑같은 말을 했다.
> "글쎄 말이에요. 아직 자리가 안 잡혀서 그런지, 서울 올라가기가 그렇게 어렵네요. 일간 올라가서 소주 한 잔 해야지요"
> 소주 한 잔 해야지 하는 소리를 열 번도 넘게 들어서 그랬는지 시골에서 자리잡기가 도대체 왜 그리 어려운 걸까 하는 생각이 들어서 그랬는지, 슬그머니 술 생각이 났다. 지난 4년 동안 안 잡혔던 자리가 하루아침에 잡힐 리는 없고, 서울은 아니지만 이곳에서도 술 한 잔은 할 수 있으렷다.

"비도 오는데, 막걸리나 한 잔 할까?" 하는 내 말에 새해에는 술을 덜 마시 겠다던 근세 씨가 기다렸다는 듯이 눈 쌓인 고갯길을 달려 읍내에 나가 술을 사왔다. 그렇게 해서 내외가 막걸리 한 병 소주 한 병을 각각 앞에 놓고 나란히 앉았다.

"은식이 형은 참 좋겠다."

시도 때도 없이 산에 가는 선배 한 분이 그는 많이 부러운 모양이었다.

"올 겨울쯤이면 우리도 갈 수 있을 거야."

근세 씨가 말없이 고개를 끄덕였다.

일기의 날짜를 보니 올 정월 초이튿날이었다. 그날의 기억이 어제 일처럼 또렷한데, 어쩐지 많은 것을 이룰 수 있을 것 같았던 그 새해가 벌써 4분의 1밖에 남지 않았다. 비에 젖은 생쥐 모습을 하고 남편이 내려오면 아무래도 그 날처럼 낮술을 한 잔 해야 할 것 같다. 술 마실 핑계가 어디 한둘인가 말인가.

눈물조차 다 말랐는지, 비를 피해 산으로 올라간 돼지들을 그저 멍하니 바라보던 남쪽 사람들 생각하며 한 잔, 사방에 얻은 전지 가꾸느라 발바닥에 불이 나게 뛰어 다녔건만 돈이 안 되니 다시 도시로 나가야 할지 고민이라는 유미 아빠를 위해 한 잔, 비 때문에 농사 망친 것도 어려운데 사람의 일로 마음고생이 끊이지 않는 순이네를 위해 한 잔, 아직도 이삭이 다 패지 못한 우리집 벼를 위해 한 잔, 그리고 올 겨울 산행을 위해 한 잔…….

그날 저녁 마침 유미 아빠가 아이를 데리고 집에 들렀다. 비는 그 시각에도 그치지 않았다. 이모댁 고추 건조기에서 말린 우리집 고추 한 자루를 거실 바닥에 놓으며 그이는 쓸쓸히 웃었다.

"우리네처럼 날씨에 신경 쓰고 사는 사람도 없을 거예유."

여름 내내 비가 내려 양이 적은 우리집 고추조차 태양초로 말릴 수 없어 고추 건조기가 있는 그이 이모댁에 부탁했던 것이다. 잡초 베는 일이 생각보다 길어지는 바람에 저녁상 앞에서 소주를 마시던 남편이 유미 아빠 소매를 잡았다.

"한 잔 하고 가."

"예전에는 애들하고 어디 놀러 갈 때나 비 걱정을 했는데."

유미 아빠는 도시에 살던 때 휴일이면 어린 유미의 손을 잡고 공원으로 놀러 다녔던 일이 생각났나 보다. 그러면서 그이는 소주 대신 내가 마시는 막걸리를 찾았다.

"형수님, 전 형수님 막걸리루다 한 잔 주세유."

술 한 잔이 들어가자 유미 아빠는 아이가 읍내로 피아노를 배우러 다니는데 꽤 잘 치는 모양이라고 자랑을 했다. 그러더니 문득 거실 바닥에 앉아 혼자서 놀고 있는 유미를 돌아보며 혀를 찼다.

"지랄 났다. 이제 피아노도 사 달라고 할 텐데."

"아빠, 피아노 백만 원이야."

유미가 열 손가락을 활짝 펴며 말하자 유미 아빠가 중얼거렸다.

"백만 원은 관두고 만 원도 없으니……."

부침개를 별로 좋아하지 않는 남편도 그날은 부침개에 자주 젓가락을 가져갔다.

저녁상을 물린 남편은 그렇게 좋아하는 축구경기를 보면서도 잠깐잠깐 고개를 끄덕이며 졸았다. 그래, 우리의 미래가 찬란하지 않으면 어떠하리. 2002. 9

농군은 영원한 현역

얼마 전에 4-H 클럽 출신의 노장 모임을 따라 선진 농장 몇 군데를 둘러보는 기회가 있었다. 농장 견학이라는 일정에도 마음이 동했지만, 사실은 바람이나 쐬겠다는 속내가 더 컸다.

소풍이라도 가는 사람모양 덜렁대며 올라간 버스에는 아저씨라고 부르기도 어색하게 나이 드신 분들이 대부분이었다. 정장까지는 아니더라도 말끔한 외출복 차림으로 좌석 등받이를 곧추 세우고 꼿꼿하게 앉아 계신 모습에, 청바지 차림으로 할랑할랑 따라나선 나는 어쩐지 민망한 생각이 들었다.

차창 밖으로 이어지는 푸른 들판을 바라보고 있노라니 뒷좌석에서 두런대는 소리가 들렸다.

"우리 고추는 병을 해서 큰일 났어. 자넨 꽤 땄지?"

"우리 것두 탄저가 왔어. 두 물까진 그래도 괜찮았지."

"돈 되는 건 안즉은 그래두 고추뿐인데."

"중국에서 무더기로 들어온다잖아. 고추 농사도 이제 끝났어."

돌아보지 않아도 두 분 모두 얼굴은 새까맣고 손톱 밑에는 겨울에나 빠질까 말까 한 흙때가 끼여 있을 것이다. 큰맘 내어 나선 하루 여행길에서도 농사며 돈 걱정을 놓지 못하시구나 생각하니 마음이 짠했다.

처음 방문한 곳은 사과 농장이었다. 방충시설과 환풍시설을 완벽하게 갖춘 농장을 둘러보고 나서도 어딘지 모르게 묵직한 분위기는 가시지 않았다. 누군들 최고의 시설을 갖추고 싶지 않으랴. 가진 돈이 없으니 아무리 좋은 시설도 그저 그림의 떡일 뿐이다.

두 번째로 들른 유기농장에서는 수박과 고추를 재배하고 있었다. 밀짚모자에 잠방이, 겉모양도 천상 농부인 주인아저씨가 농사는 꼭 돈만을 바라고 짓는 게 아니라고 목청을 높이자 고개를 끄덕이는 분들이 간혹 보였다. 그렇게 지은 고추를 지난해 한 근에 만 원씩에 팔았다고 말하자 이번에는 모두가 고개를 끄덕였다. 즉석에서 따온 수박이 나오고 막걸리 사발이 돌아가면서 분위기가 조금씩 풀리기 시작했다.

다음 차례는 점심식사를 겸한 허브농장 견학이었다. 드넓은 농장 곳곳에 들어선 가지가지 시설물과 온갖 향내를 풍기는 허브를 둘러본 후 우리 일행은 식당으로 들어섰다. 정갈한 사기그릇에 담긴 밥은 오색 허브꽃과 푸른 새싹으로 덮여 있었다. 그릇도, 꽃도, 새싹도, 손가락 마디 굵은 농부들에게는 남세스럽기만 했다. 내 옆에 앉은 아저씨는 밥을 비비면서 자꾸 헛기침을 했다. 소주 한 잔을 비우신 아저씨가 내게 말을 걸었다.

"이런 데 오는 줄 알았으면 식구도 데리고 오는 건데."

이곳 분들은 아내를 식구라고 부른다. 밭둑에 풀썩 앉아 열무김치에 잘해야 콩나물이나 넣어 썩썩 비빈 찬밥을 먹고 있을 마나님 생각이 나신 모양이었다. 그러고 보니 부부가 함께 온 사람은 우리뿐이었다.

"듣자 허니 귀농했다면서유? 하긴, 힘들긴 해도 농사가 최고지."

아저씨의 빈 잔에 술을 따르면서 나는 가만히 고개를 끄덕였다.

마지막 방문지는 오리가 농사를 짓고 있는 논이었다.

"오리가 정말루 잡초를 전부 먹는단 말이여? 그래두 그게 어디 제초제만 할까?"

오랜 세월 걷던 길을 바꾸기가 어디 쉬운 일이랴. 그렇다고 떼돈이 들어온다는 보장도 없고. 논둑에 서서 오리 막사를 바라보는 아저씨의 이마에 주름이 더 깊어졌다.

농장을 둘러보고 집으로 돌아오는 버스 안에서, 인솔자의 소개대로 "못 먹고 못 입던 시절, 살기 좋은 농촌을 만들기 위해 젊음을 불태웠던 동지들"은 노래를 목이 터져라 불렀다.

"살기 좋은 농촌 우리의 힘으로, 빛나는 흙의 문화 우리의 손으로."

노래 때문이었을까 몇 잔씩 돌아간 소주 때문이었을까, 버스 안의 분위기가 사뭇 유쾌해졌다. 흥이 난 어르신들이 자청해서 앞으로 나가 농사 이야기도 하시고 노래도 부르셨다. 누군가가 어른들께 인사를 드려야 한다며 남편을 앞으로 끌어냈다.

"농사 짓고 살려고 왔습니다. 아무것도 모릅니다. 많이 가르쳐주십시오."

우레와 같은 박수를 받으며 자리로 돌아온 남편의 얼굴이 벌게져 있었다. 맨 앞에 앉은 어르신이 일부러 뒤쪽으로 오셔서 장하다며 남편의 어깨를 두드렸다. 황망해진 남편이 얼른 일어나 앞자리로 모시고 가는데, 남편의 손을 잡은 할아버지의 등이 활처럼 굽어 있었다.

활처럼 굽은 등…….

지난해 겨울, 읍내에서 조금 떨어진 탄산 온천에서였다. 들일이 없는 겨울이면 인근 마을을 도는 온천의 셔틀버스가 도착했는지 할머니들이 우르르 탕 안으로 들어오셨다. 앞에서 볼 때는 잘 모르겠더니, 돌아선 할머니의 등이 하나같이 새까맣고 활처럼 굽은 거였다. 자리에 앉은 내 눈 높이에서 까맣게 굽은 등이 느릿느릿 연이어 지나가는데, 가슴 한 자락으로 서늘한 물이 흐르는 느낌이었다. 봄 여름 가을, 사정없이 내리쬐는 땡볕과 고단한 들일을 고스란히 견뎌낸 등이었다. 활처럼 굽은 까만 등이 죽비가 되어 나를 내리치는 듯했다.

얼굴뿐만 아니라 옷 속의 보이지 않는 등까지 새까만 이분들은 영원한 현역이시다. 우리 마을만 해도 팔순을 바라보는 나이에 하루 종일 다리품을 팔며 논밭을 돌보시는 어른들이 계시다.

아직 어스름한 새벽에 개들이 컹컹 짖는 소리가 나서 내다보면 철이 할아버지가 지게를 지고 가시거나 뒷짐 진 손에 곡괭이를 든 나리 할아버지가 느티나무 앞을 지나고 계셨다. 올해 들어 얼굴이 훨씬 홀쭉해지신 소연 할아버지도 새벽 걸음을 거르시지 않는다. 그분들이 가꾸시는 논밭은 젊은 농부들의 그것보다 더 단정해서 꼭 다시 한번 돌아보게 된다. 그분들께 땅이란 과연 무엇일까. 2002. 9

쓸쓸한 직업 지도

안개가 자욱한 가을 아침은 조금 쓸쓸하다. 장군이 힘이 장사라 아침 산책이 버겁다. 씩씩대며 힘을 쓰는 녀석에게 이리저리 끌려 다니노라니, 이런 산책을 언제까지 할 수 있을까, 하는 생각이 슬그머니 들었다. 이곳에서 태어나 함께 산 세월이 벌써 4년이니, 녀석도 사람 나이로 치면 40은 넘지 않았을까. 젊지 않은 개와 젊지 않은 주인이 한가롭게 산책하는 것도 괜찮겠다 싶은 마음도 들어 씩 웃음이 나왔다.

철이 할아버지네 논둑에 심은 콩이 누런 색으로 익어가고 있었다. 콩잎 끝에 달린 이슬이 황금색으로 변해가는 벼 위에 하도 영롱해서, 오랫동안 그 앞을 떠나지 못했다.

시골에 와서 첫해에는 앞밭에 고추를 심었고 다음해에는 이웃마을에 얻은 땅에 호박과 고구마를 지었다. 2년도 채 못 된 세월에 밭농사가 어렵다는 것을 알게 되었다. 작물 선택에 한동안 고민을 하다가 시작한 것이 쌀과 복숭아 농사였다. 쌀이야 생명의 근간이니 별로 고민할 것이 없었지만, 복숭아를 택했던 것은 이 지역의 특산물이기도 했거니와 밭농사보다는 그래도 수월할 것이라는 예상도 한몫을 했다.

제대로 농사를 짓는 것이 올해로 겨우 3년째인데, 벌써 지칠 때가 가끔 있다. 순창에 터를 잡고 열심히 배 농사를 짓는 이와 어제 전화로 이야기를 나누면서 과일 농사도 마음고생이 많다는 것을 다시 한번 확인했다.

복숭아는 키우는 것도 어렵지만 포장도 만만치 않다. 생물이기도 한 데다 과육이 워낙 부드러워 행여 과일에 상처가 날까 봐 조바심을 치게 된다. 단내와 향이 괜찮은가 보려고 코를 하도 큼큼거려 저녁이면 머리가 지끈거린다. 상처가 난 복숭아를 골라 수도 없이 맛을 본다. 어떤 것은 맛이 있고, 어떤 것은 웬만하고, 그러다가 맛이 없는 녀석이 나오면 그만 자신이 없어지고 만다. 그렇다고 한 입씩 베어 먹어보고 맛난 것만 골라서 담을 수도 없고.

그렇게 해서 올해 우리 손에서 떠난 복숭아가 4킬로그램 들이로 108 상자였다. 그간의 노심초사를 생각하면 조금 쓸쓸한 숫자이다. 남편은 올해 목표가 100상자였으니 농사를 아주 잘 지은 것이라고 했다. 나도 그렇게 생각하려 하지만, 그래도 섭섭한 생각이 든다. 다음해에는 농사가 잘 되어 더 많은 분들께 드리고 돈도 벌었으면 좋겠다. 그저 자립만 할 수 있다면 더 바랄 것이 없겠다.

그저께는 상처가 난 복숭아를 가려 복숭아즙을 만들었다. 순창 농부에 의하면 즙 포장이 또 보통 어려운 것이 아니란다. 배송 도중 파우치가 터지거나 부푸는 경우가 있어 애가 탄단다. 그이의 조언대로 파우치가 내 몸무게를 견디는지 시험하기 위해 작은 파우치 위에 두 발로 서려다가 뒤뚱거려 그만 넘어지고 말았다. 우습기도 하고 조금 쓸쓸하기도 했다. 이미 포장한 파우치를 상자에서 전부 쏟아내어 햇빛에 하나하나 비추어가며 공기구멍이 없나를 확인하려니 팔도 아프고, 눈도 아른거렸다. 나중에는 맥이 빠져 저녁은 그냥 막걸리로 때우고 말았다.

직거래로 배를 내는 순창 농부는 마음고생이 하도 심해 직거래를 그만 두고 싶은 생각이 하루에 열두 번도 더 든다고 했다. 농사짓기도 어렵지만 내는

것은 더 어렵다고 했다. 이번 여름에는 나도 많이 힘들었다. 언제까지 우리가 이렇게 살 수 있을까, 하는 생각도 가끔 들었다. 그래도 유기농과 직거래 외에는 대안이 없지 않는가?

'직업 지도'라는 것이 있다 한다. 우리나라 사람들의 모든 직업에 대해 종사하는 사람들의 수와 평균연령, 수입액 등을 명시한 것이란다. 얼마 전에 신문에서 읽었는데 기사 맨 끄트머리에 나온 것이 농업인이었다.

요즘은 말이 다 거창하다. 농부도 아니고 농사꾼도 아니고 농군도 아닌, 농업인의 평균수입이 그 중 제일 낮았다. 평균연령은 그런데 제일 높았다. 월수입 70만원, 평균연령 59세, 평균경력 34년, 주당 평균노동시간 56시간. 그러니까 일하는 시간은 제일 길고 돈은 제일 적게 버는 사람들이 농사 짓는 사람들이었다.

그런데 우리는 제일 낮다는 농업인의 평균수입 수준에도 한참 못 미치네, 그러면서 남편과 마주 보며 씁쓸하게 웃었다. 그래도 평균연령보다는 젊으니 희망을 가져야지.

농가에서는 요즘 걱정들이 대단하다. 농협빚 상환기일이 다가오기 때문이다. 수확도 거지반 끝났는데 손에 들어온 것은 별로 없으니, 사방에서 한숨소리가 들린다.

우리도 시골에 와서 받았던 귀농자금을 올해부터 갚아야 한다. 올해 농사 수입이라고는 복숭아에서 나온 250만원과 친정과 시댁 식구들에게 녹용 달여 주고 받은 1백만 원이 전부이다. 앞밭에서 말리고 있는 쌀은 수확량이 적어 거의 나올 것이 없다. 1년 농사 수입 350만원은 조금 씁쓸하지 않은가. 그것도 자재비나 인건비는 전혀 넣지 않은 총매출액이 350만원이라니. 가끔 게으름을 피우긴 했지만 판판히 놀기만 한 것도 아닌데. 농사로 사는 것이 불가능할지도 모르겠다는 생각이 가끔 절실하게 들 때가 있다.

순창 농부는 내게 언제까지 이렇게 살 수 있을지를 물었다. 올해는 예상치 못한 재해가 많았고 내년부터 복숭아 수량이 늘어나면 웬만하지 않겠느냐고 했더니 그이는 한숨을 쉬며 말했다.

"그래도 뭔가 남는 것이 있어야지요."

"그래도 여태껏 놀지 않고 일했고, 땅도 조금은 좋아지지 않았겠어요."

듣기 좋게 대답은 했지만, 그것도 견딜 만할 때나 할 수 있는 소리라는 생각이 언뜻 들었다. 돈은 전혀 안 되고 몸은 여기저기 삐걱거리는 데다 사람의 일로 마음고생까지 하면서 과연 언제까지 견딜 수 있을는지.

순창 농부도 나와 같은 생각을 했는지 전화기 저쪽에서 한숨소리가 건너왔다. 그날 통화의 마지막은 이랬다.

"그래도 해야지 않겠어요?"

"그래야지요." 2002. 9

'그래, 내가 맞자'

귀농 5년차, 농사의 ㄴ은 자도 모르던 서울 토박이가 그동안 꽤 많은 것을 겪었다고 생각했는데 올해는 유난히 재해가 많다. 하늘에 두들겨 맞고, 짐승에게 채이고, 사람에게 뒤통수 맞고.

　여름 복숭아가 한창 무르익을 때는 열흘을 넘게 폭우가 이어져 마음을 졸여야 했다. 대대로 큰 홍수도 큰 장마도 모르고 넘어갔다는 이곳도 올 여름의 폭우 앞에서는 장사가 없었다. 산골 다랑이 논은 둑이 터졌고, 벼가 쓰러진 자리는 자갈밭이 되었다.

　어렵사리 익은 복숭아를 딸 즈음에는 아닌 밤중에 홍두깨라더니, 산돼지 가족이 출몰하여 사람보다 먼저 복숭아 맛을 보고 말았다. 과수원 흙바닥 여기저기에 멧돼지 발굽 자국이 선명했다. 틀림없이 어둠을 틈타 침입했을 텐데, 어쩌면 그리도 귀신같이 익은 복숭아만 골라 결딴을 냈을까? 이빨로 뜯었는지 발굽으로 할퀴었는지 열매를 싼 봉지를 용케 찢어내어 살을 아귀아귀 먹고 뱉어놓은 복숭아씨가 바닥에 널려 있었다. 키가 작은 나무 몇 그루는 아예 한 알도 남아 있지 않았다. 실수로라도 하나쯤 남길 법도 한데……. 전혀 예상치 못한 사건에 구경 온 사람들도 모두 말을 잃었다.

　가을 복숭아는 좀 낫겠지, 하고 있을 때 무서운 태풍이 지나갔다. 폭우를 장하게 견디던 복숭아가 낙엽처럼 땅에 떨어졌다. 툭 소리를 내며 복숭아가 땅에 떨어질 때마다 내 마음도 툭 내려앉았다. 가지에 꼭지를 붙이고 겨우 버티던 열매를 이번에는 까치와 깍지벌레가 가만 두지 않았다.

　포기 수가 적었는지 모내기 때부터 다른 집보다 가난해 보이던 벼는 개울 건너 이웃 밭에서 날아온 제초제 때문에 논에 뿌리를 내리기도 전에 한바탕 몸살을 앓았다. 경험 없는 주인에, 남의 작물은 아랑곳하지 않는 이웃까지, 이중의 인재였다. 철이 할아버지네 논도 흑대문집 할아버지네 논도 숱 많은 처녀의 머리채같이 빈자리 하나 없이 벼가 빽빽이 들어찼는데, 우리 논은 머리카락 빠지기 시작하는 중년 남자같이 황량하고 처량했다. 아는 것은 없고 고집만 센 주인이 화학비료라면 한사코 고개를 흔드는 탓도 크리라.

간장골 논 네 다랑이에서 제일 잘 된 두 번째 다랑이를 둘러볼 때면 그래도 실없는 사람처럼 웃음이 나곤 했다. 포기가 그 중 실한 벼들이 바람에 넘실대면 마음이 풍요로워지는 데다, 사방에서 튀는 메뚜기와 벼 잎에 살포시 앉은 실잠자리가 반가웠다.

벼 위로 삐죽이 올라온 피를 거두려고 올해 마지막 피사리에 나선 지 나흘째 되는 날이었다. 이틀째 피사리 덕분에 이발소에서 막 나온 아이같이 산뜻해진 첫 번째 다랑이를 지나 두 번째 다랑이의 논둑에 올라서는 순간, 나는 내 눈을 의심했다. 전날까지 멀쩡했던 벼가 여기저기 뭉텅이로 쓰러져 있었던 것이다. 이번에는 고라니였다. 언젠가 남편이 우리 논에서 보았다던, 그 녀석이었을까? 기계충 앓는 아이 머리모양 군데군데 동그랗게 비어 있는 논 앞에서 우리는 한동안 넋이 나간 채 서 있었다.

왜일까, 온몸이 이슬에 젖은 채 풀줄기에 매달려 있던 잠자리가 생각났다. 우리도 그렇게 견뎌야 하는 것일까? 변덕스러운 날씨는 어디서 온 것이며, 산짐승은 왜 먹이를 찾아 내려와야 했을까? 우리가 해야 할 일은 없을까? 반성하고 변해야 할 것은 어쩌면 우리가 아닐까?

토요일 오후, 전날부터 시작된 편두통이 심해 몹시 고통스러웠다. 바람을 쐬면 좀 나을까 하여 간장골 논에 올라갔다. 휑하니 둘러보고 내려올 생각이었는데, 맨 위 다랑이에서 벼 위로 올라온 피를 보고는 그냥 내려올 수가 없었다. 바지를 걷고 맨발로 들어가 얼마나 피를 뽑았을까, 거짓말처럼 세상이 갑자기 어두워지더니 비가 쏟아지기 시작했다. 뒷산 너머로 번개가 번쩍 지나가면 앞산에서 우르릉 쾅쾅 천둥이 울렸다. 이 깊은 골짜기에 나 혼자구나, 하는 생각에 가볍게 무섬증이 일었다. 벌써 물이 흐르기 시작하는 산길을 내려오는데 아람이네 밭 옆에 경운기가 보였다. 한참을 둘러보니 고추밭 속에 아람이 할아버지와 아람이 삼촌이 엎드려 있었다.

"비 쏟아져요. 얼른 내려가세요."

외치는 소리를 들었는지 아람이 할아버지가 손을 흔드셨다. 적지에서 동지를 만난 느낌이었다. 빗속의 산길을 내려오며 사람이 해야 할 일을 생각했다.

그렇게 시작된 비가 여러 날 이어졌다. "이틀만 더 남국의 날을 베푸시어" 벼들의 "완성을 재촉"하셔야 하는데, 하늘이 야속했다. 걱정이 이어지던 어느 날 저녁, 경계가 없는 수녀님의 전화를 받았다. 농사일을 전혀 모르시는 분이었다.

"이 비가 벼에 좋은 거요, 나쁜 거요?"

"벼가 익어야 할 때니까, 나쁜 거지요."

"허허, 누군가가 한 짓이 있을 터이니…… 우리, 맞읍시다."

잠시였지만, 내게 있는 경계도 무너지는 듯 했다. '그래, 내가 맞자' 하는 마음이 되었다. 이 비를 눈이 빠지게 기다리는 사람들도 있을 거라는 생각도 들었다. 2002. 10

파란만장한 우리집 난방 역사

며칠 전부터 일과가 하나 늘었다. 생각날 때마다 연탄불이 잘 타고 있는지 살피고 연탄광을 돌아보는 것이다.

어렸을 적, 광에 쌓아놓은 연탄이 우르르 무너져 내린 적이 있었다. 깨진 연탄이 아까운 것보다 깨진 연탄을 치울 걱정에 눈앞이 더 아득했던 기억이 난다. 지금이라면 깨진 연탄이 아까워 발을 동동 구를 것 같다.

시골생활이 이제 겨우 5년인데 우리집 겨울 난방의 역사는 파란만장하기만 하다. 시골이니 도시가스는 당연히 없었고, 심야전기보일러는 시설비가 부담이 되어 집을 지으면서 석유보일러를 놓았다. 때마침 경제 환란이 닥치면서 석유값이 치솟았다. 겨울에도 반팔 옷으로 지내던 아파트 생활에 젖어 있던 우리에게 시골에서의 첫 겨울은 매섭게 추웠다.

한 해가 지나자 농부의 삶이 팍팍하다는 것을 이내 깨달은 남편은 석유와 장작 겸용 보일러를 구해왔다. 그해 겨울은 참 따뜻했다. 마을에서 전기톱이 있는 집은 우리집뿐이어서 사방에서 나무를 베어달라는 주문이 들어왔다. 어느 댁이나 밭에 그늘을 만드는 나무가 한두 그루는 있었으니까.

또 한 해가 지났지만 막힌 경제는 뚫릴 기미가 보이지 않았다. 그해, 우리 마을에서는 일곱 집이 장작보일러를 새로 들여놓았다. 토박이도 아니고 문중 산도 없는 우리에게 나무를 구하는 것은 하늘의 별 따기였다. 지난해 겨울, 남편은 나무가 있는 곳이라면 어디든 달려갔다. 그래도 나무를 때는 날보다 석유를 때는 날이 더 많았다.

며칠 전 남편은 대구까지 내려가 연탄보일러를 사왔다. 이곳의 반값이라 했다. 그날부터 사흘 내내 남편은 뒤꼍에 연탄보일러를 설치하고 연탄광과 보일러실을 지었다. 학창 시절 사우디아라비아까지 날아가 배관공 곁에서 막일을 한 것이 시골생활에 크나큰 도움이 된다 했다.

연탄을 들이던 날, 이곳이 초행인 연탄공장 아저씨는 우리집을 찾느라 마을을 두 바퀴나 돌았다. 그토록 커다란 느티나무가 어쩐 일인지 아저씨의 눈에는 보이지 않더라는 것이었다. 내일 점심때쯤이면 느티나무 집이 난방비 걱정에 연탄보일러로 바꾸었다는 소문이 돌겠구나, 하는 생각에 쓴웃음이 나왔다. 생각하지 않으려 해도, 장작 때문에 일어난 가슴 아픈 기억이 지나갔다.

기계톱이 우리집밖에 없었던 시절, 이웃에 사시는 아저씨의 부탁으로 남편은 산자락에 있는 아저씨네 밭에 그늘을 만드는 나무 몇 그루를 베었다. 나무는 우리집 장작보일러로 들어갔고 우리는 그해 겨울을 따뜻하게 날 수 있었다.

사고가 터진 것은 그로부터 2년쯤 후였다. 마을 어른 한 분이 산림절도죄로 남편을 고발한 것이었다. 남편은 경찰서로 검찰청으로 여러 번 불려 다녀야 했고 끝내는 전과자가 되고 말았던 것이다.

이제 연탄만 제때에 들여놓으면 장작이나 기름 걱정 따위는 하지 않아도 되리라. 연탄불이 훨훨 타고 있는 보일러와 연탄이 그득 쌓인 광을 돌아보노라면 부자가 된 듯 뿌듯하거니와 잠시 어렸을 적 추억을 더듬는 즐거움도 있다.

이사 때면 커다란 대야에 불붙은 연탄을 담아 트럭 위에 제일 먼저 올려놓으며 운전기사의 눈치를 보시던 친정어머니, 겨우 불씨만 남은 연탄불이 꺼질까봐 매듭지은 새끼줄에 끼운 연탄 한 장을 들고 구멍가게에서 집까지 1백 미터 달리기를 했던 것, 이불 깔아놓은 뜨끈뜨끈한 아랫목을 서로 차지하느라 북새통을 떨던 오빠들, 그러다가 한자로 '복' 자가 쓰인 아버지의 놋주발에 발이 닿으면 얼른 발가락을 옴츠렸던 기억, 연탄 화덕 위 국자에서 달콤한 냄새를 풍기며 지글지글 끓는 설탕에 소다를 넣으면 요술처럼 부풀어오르던 것, 연탄 가는 당번을 정하느라 밤이면 가위바위보를 외치던 오빠들…….

연탄 당번은 아니지만, 우리 마을 사람들도 나무를 땔 때는 구들방이 있는 집에서는 아침이면 불 당번 때문에 신경전을 벌인다 한다. 쨍하니 싸늘한 새벽에 군불을 지피러 밖에 나가는 것도 귀찮고 매캐한 연기도 반갑지 않은 것이다. 이른 봄부터 초겨울까지 허리를 못 펴고 일했으니 겨울에라도 느긋하게 늦잠을 즐기고 싶으리라. 사정이 이러하니 아침마다 참을성이 많은 사람이 무조건 이기게 되어 있는 게임이 벌어지는 것이다.

선희 어머니는 아침 일찍 잠이 깨어도 일부러 코고는 소리를 내면서 선희 아버지의 낌새를 살핀다 했다. 그러려면 소변이 마려워도 죽어라고 참을 수밖에. 더 이상은 참을 수 없어 몸이 저절로 꼬일 때쯤이면 선희 아버지가 일어난단다.

"졌다, 졌어! 당신은 오줌도 안 눠?"

열에 아홉은 아주머니들이 이기는 싸움이다. 아저씨들은 대개 전날 밤의 과음으로 속이 아프거나 뒤가 편치 않기가 십상이니까.

우리집 연탄 당번은 언제나 남편이다. 일부러 그러는 것은 아닌데, 어찌된 까닭인지 나는 연탄을 잘 깨먹기 때문이다. 그렇지만 남편이 집을 비운 날, 한밤중에 연탄을 가는 것이 그리 귀찮기만 한 것은 아니다. 흑단처럼 까만 밤하늘에 보석처럼 박힌 별들과 까만 세상을 환히 밝히는 보름달, 또 여인의 눈썹 같은 초승달과 그믐달을 볼 수 있으니. 그리고 그 느티나무. 그 많은 가지 사이마다 반짝반짝 별이 빛나면 느티나무는 거대한 크리스마스 트리가 된다. 그때 바람이라도 한 줄기 지나가면 댕그랑댕그랑 맑은 종소리가 들릴 것 같다.

후회 없이 제 몸을 활활 태운 후면 빙판이 된 비탈길에 뿌려져 삶을 마감하는 연탄 또한 버릴 것이 없다. 나는 과연 연탄만한 삶을 살고 있는지. 2002.11

막내 오라버니께
— 잊을 수 없는 옛일이 있습니다

오라버니,

 긴 시간이 흘러도 마치 어제 일처럼 또렷하게 떠오르는 순간이 있습니다. 오라버니와의 기억 속에도 그런 순간들이 있지요. 그 중 제일 선명하게 떠오르는 건 밥상 위에 던지듯 놓았던 숟가락 소리입니다. 오라버니는 아마 잊으셨을 거예요. 그렇지만, 제 귓가엔 지금도 그 숟가락 소리가 천둥소리보다 더 크게 울린답니다. 탁!

 제가 갈래머리를 하고 있었으니, 30년도 더 전의 일이지요. 오라버니가 좋아하는 풋고추 송송 썰어 넣고 되직하니 끓인 강된장이 자주 상에 올랐던 기억으로 보아, 계절은 여름이었던 것 같아요. 모래내에 살던 때였지요.

 오라버니, 모래내 집들 기억나지요? 아버지 사업이 부도가 나서 6개월 또는 일년에 한 번씩 이삿짐을 쌌던 시절이었지요. 그런데, 전 철이 없어서 그랬을까, 아버지가 30년을 넘게 살던 공덕동 집을 떠나 비감한 심정으로 들어가셨을 모래내의 셋집들이 싫지만은 않았어요. 새로운 집에 사는 것이 좋았던 모양이에요. 그 중에서도 두 번째 집, 넓은 마당이 있던 이층집이 특히 좋았어요. 이층에 큰 방 하나만 달랑 있던 집 말이에요. 책상 앞에서 책을 읽다가 돌부처가 있는 마당을 내려다보면 그렇게 아늑할 수가 없었지요.

 그런 날 중의 하루였겠지요. 기상은 높은데 현실은 저 밑에 있던 젊은 시절, 오라버니는 자주 술을 드셨지요. 그날도 오라버니는 늦은 밤에 집에 들어왔어요. 어머니는 일찍 자리에 드셨던 것 같습니다. 오라버니가 제게 저녁상을 부탁했으니까요. 읽다 만 책 때문이었을까, 어린 마음에 성가셔서 그랬을까, 그저 빨리 끝내야겠다는 생각에 부엌에서 상을 내가면서 수저 놓는 것을 그만 잊고 말았지요.

"젓가락이 없네," 하는 오라버니 말에 저는 부엌에서 수저를 가져다가 상 위에 던지듯 놓았지요.

탁! 수저 소리가 어찌나 크게 울리던지, 지금도 그때 생각을 하면 깜짝 놀래집니다. 순간, 이게 아닌데 했지만 마음과는 달리 오라버니께 미안하단 말을 하지 못했습니다. 대신 얼른 등을 돌려 탁탁 발소리를 내며 이층으로 올라가고 말았지요.

그날 밤 아래층에서 오라버니가 홀로 앉아 밥을 먹는 동안, 저는 이층 책상 앞에 앉아 어두운 마당을 내려다보며 지금이라도 내려가야지, 그러고만 있었습니다. 얼마쯤 시간이 지나 내려가 보니 상은 얌전하게 부엌에 놓여 있고, 오라버니는 다른 오라버니들 틈에 끼어 새우등을 하고 자고 있었어요.

그 다음다음날인가 오라버니가 다시 늦게 들어오던 날, 저는 강된장을 끓여놓고 오라버니를 기다렸어요. 그렇지만 그날 오라버니는 술이 많이 과했는지 저녁밥을 청하지 않은 채 그냥 잠이 들고 말았습니다. 그 후로 많은 시간이 지났지만 그날의 탁! 하던 수저 소리는 제게 짐같이 남아 지워지지 않았습니다.

그 짐을 조금이나마 내려놓은 것이 언제였는지, 오라버니는 짐작하실런지요? 5년 전, 생전 처음 제 손으로 지은 쌀로 오라버니에게 밥을 지어드렸던 날이었습니다. 반찬이라야 텃밭에서 가꾼 푸성귀뿐인 조촐한 저녁상을 받고 오라버니는 맛나다는 말씀을 여러 번 하셨지요. 밥 한 그릇을 뚝딱 비우고 또 한 그릇을 청하는 오라버니가 얼마나 고맙던지, 제 마음의 오래된 빚이 조금 덜어진 느낌이었어요.

오라버니, 5년 전 처음 벼 베던 날을 저는 잊을 수 없습니다. 생전 처음 제 손으로 키운 벼를 수확하던 날, 논둑에 서서 유서방 몰래 눈물을 훔쳤지요. 마음 졸인 것뿐 한 일도 별로 없는데, 그만큼 자란 벼가 한없이 대견하고 고마웠습니다. 남들 거두는 것의 절반밖에 못 거두었지만, 소출이 적은 것은 정말이지 눈곱만큼도 서운하지 않았습니다.

한편으로는 지난 계절의 어려웠던 일들도 떠오르더군요. 습도를 맞추지 못해 곰팡이가 허옇게 핀 모판을 남이 볼세라 얼른 씻어 감추었던 것, 잡초 잡는다고 쌀겨를 낚시 떡밥처럼 뭉쳐 논물에 퐁당퐁당 던져 넣던 일, 허리가 끊어질 것 같던 피사리, 남들 벼는 벌써 고개를 숙였는데 우리 벼는 이삭 소식이 없어 애를 태우던 것. 농약이며 화학비료를 안 써 느티나무집 벼가 망가졌다는 소문이 돌던 때는 멀쩡한 우리 벼를 보고도 가슴이 덜컥 내려앉았지요.

둘째 해 가을에는 집에 있을라치면 네 다랑이 그득 황금물결 치는 우리 논이 자꾸만 눈에 밟혀 보물 숨겨놓은 아이 마냥 간장골을 오르내렸어요. 그해 봄, 1백 년 만에 처음이라는 가뭄에 다섯 마지기 논에 모를 꽂는데 꼭 한 달이 걸렸거든요. 물을 못 가두니 쌀겨가 발효되지 않아 잡초가 극성을 부려 피사리하느라 애는 또 얼마나 먹었게요. 그해부턴 유서방이 직접 벼를 베었지요. 벼 포대가 가득한 경운기 뒤를 따라가는데 내 마음이 하마 울까, 웃을까 했던 것도 아름다운 기억으로 남았습니다.

셋째 해는 일찌감치 논에 물을 가둔 덕분에 순하게 모내기를 끝내고 한숨을 돌리고 있는데, 개울 건너 남의 밭에서 날아온 제초제가 우리 논을 덮치는 사고가 났어요. 된통 몸살을 앓는 어린 모를 보며 애를 태웠지요. 다시 살아난 모는 우리를 기쁘게 했지만 소출이 많이 떨어지고 말았어요.

지난해는 논에 우렁이를 넣어 잡초 걱정은 덜었는데, 유난히 잦은 비로 벼가 잘 자라지 못했습니다. 수확이 가까울 무렵에는 거의 매일 고라니가 내려와 놀고 간 까닭에 지난해 소출도 변변치 못했어요.

올해는 날씨가 적당해 모두들 대풍이라고 하는데, 우리 논에는 전에 없던 벼 물바구미가 생겨 맨 위 다랑이 벼가 뭉텅뭉텅 쓰러지고 말았습니다. 기계충에 걸린 아이 머리통같이 이가 빠진 논을 보고 있노라면 자꾸 한숨이 납니다.

그렇지만, 오라버니, 저는 지금 그 어느 때보다 열심히 잘 살고 있어요. 얼마 전 가족 모임 때 오라버니가 제게 그러셨지요. 이제 저에 대해 걱정하지 않겠다고요. 사는 방법이 다를 뿐, 지금의 제가 행복하다고 믿는다고요. 피를 나눈 오라버니께 제 사는 모습이 그렇게 보이는 것이 기쁩니다.

오라버니, 5년 전에 생전 처음으로 거둔 나락 몇 알을 저는 지금도 간직하고 있답니다. 네 번의 겨울을 넘긴 그 나락은 지금도 처음 모습 그대로입니다. 어려울 때마다 그 나락을 바라보며 고맙고 감격스럽기만 했던 처음 마음을 새기고 있답니다.

지난해 가을, 벼 수확이 보잘것없어 조금 의기소침해 있을 때 오라버니가 전화를 주셨지요.

"고생했다. 장하다. 축하한다."

전화기 저쪽에서 들려오는 오라버니의 말에 정신이 퍼뜩 들었습니다. 그럼요. 초심을 잊지 말아야지요. 잃을 것이 무에 있다고요.

오라버니,

오라버니가 좋아하는 고추가 이제 끝물이 되어가네요. 한 번 내려오세요. 기름기 자르르 흐르는 햅쌀밥에 마지막 풋고추 썰어 넣고 강된장 끓여 드릴게요. 2004. 9

3. 자연으로, 내 마음을 들여다보다

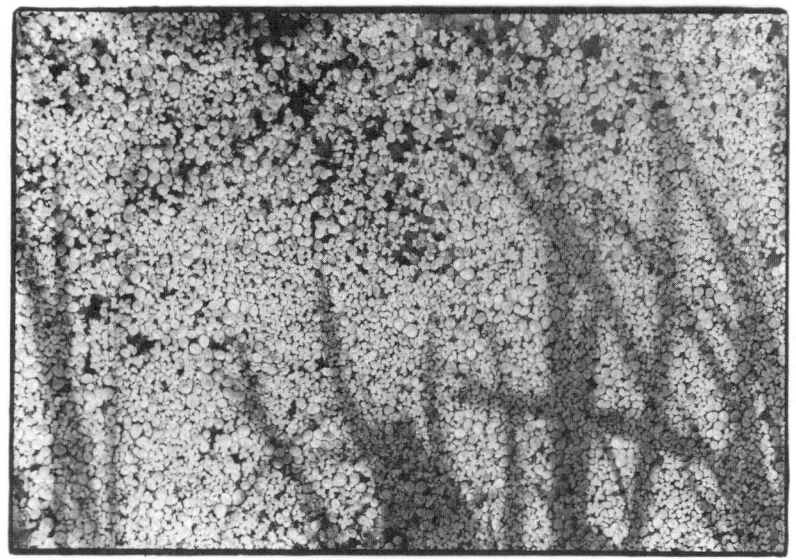

시골에는 사람보다 나은 것이 참 많다. 평생을 뼈 빠지게 일하고 죽은 후에도 버릴 것 하나 없이 제 몸을 내어주는 소도 그렇고, 나락은 나락대로 사람들의 먹을거리가 되고, 바싹 마른 몸뚱이는 지붕이 되거나 소나 사슴의 먹이가 되고, 더러는 거름이 되어 다시 흙으로 돌아가는 벼도 그렇다. 그렇게도 기특한 자연을 나는 과연 얼마나 닮을 수 있을까. 세월이 얼마나 흘러야 나는 진짜 농부가 될까.

우리 것이 좋은 것이여

마을 곳곳에 볕에 널어놓은 메주가 보인다. 플라스틱이 흔한 세상이어서 그런지, 주황색 또는 초록색 플라스틱 망에 메주를 한 덩어리씩 넣어 바람이 잘 통하는 곳에 걸어놓은 집이 대부분이다. 그러나 메주는 아무래도 볏짚으로 꼰 새끼줄로 엮은 것이 제격이다. 나리 할머니와 할아버지가 두런두런 이야기를 나누며 새끼줄로 엮은 메주를 비닐하우스에 너시는 모습을 보니, 재작년 겨울 메주를 만들던 날이 떠올랐다.

　직장 생활을 핑계로 마흔이 넘도록 된장찌개 하나 제대로 못 끓이던 사람이 생전 처음 제 손으로 지은 콩으로 또 다시 생전 처음 메주를 만들었으니 흥분을 넘어 감격에 겨운 날이었다.

　날이 밝자 남편은 뒷마당에서 장작을 패고 나는 두 말이 넘는 콩을 물에 깨끗이 씻어 손아귀가 아프도록 조리로 일었다. 화덕에 장작불을 지피고 장호원 장에서 사온 두 말짜리 양은솥을 걸고 콩을 삶았다. 절대로 물이 끓어 넘쳐도 안 되고 콩이 눌어붙어도 안 된다는 동네 아주머니들의 훈수에 내외가 번갈아가며 화덕 옆을 지켜야 했다.

　아침부터 서둘렀는데도 콩 삶기는 어두워져서야 끝이 났다. 메주 만드는 틀은 일찌감치 소연 할머니네서 빌려왔고, 콩을 넣고 지근지근 밟을 자루도 진작부터 미리 준비해두었다. 남편의 운동화는 며칠 전에 솔로 빡빡 문질러 빨아 여러 번 헹구어 잘 말려놓았다. 삶은 콩은 뜨거울 때 자루에 넣고 발로 밟아 으깨야 한다는 말을 들었던 것이다.

콩을 넣은 자루 위로 운동화를 신은 남편이 올라섰다. 힘이 좋아서인지 콩은 쉽게 으깨졌다. 그러나 자루에서 내려온 남편의 얼굴에는 땀이 비 오듯 흐르고 있었다.

메주틀에 비닐을 대고 친정어머니가 쓰시던 베 보자기를 깔고 아직도 김이 무럭무럭 나는 으깬 콩을 꽉꽉 눌러 담았다. 베 보자기 위로 김이 나는 콩을 남편이 다시 꾹꾹 밟았다.

베 보자기에 쌓인 메주를 틀에서 떼어내는 순간, 나도 모르게 침이 꿀꺽 삼켜졌다. 그렇게 만든 메주 열 덩어리를 보석이나 되는 것처럼 나는 자꾸 쓰다듬었다. 생전 처음으로 메주를 쑨 날이니, 축하주가 빠질 수 없었다.

그리고는 메주가 다 마르도록 내외가 하루에도 몇 번씩 들여다보았다. 마실 온 아주머니들이 그런 우리를 보고는 웃음을 참지 못했다. 메주 뜨는 콤콤한 냄새마저 구수하기만 했다. 서울에서 친구들이 내려오면 손목을 붙들고 메주 말리는 방으로 데려가 자랑을 했다. "시골 아낙 다 됐네" 하며 친구들이 코를 감싸 쥐면 "그럼, 너희들하곤 차원이 다르지" 하고 넉살좋게 대거리했던 생각이 떠올라 슬그머니 웃음이 난다.

이맘때면 도시에 있는 친지들로부터 가끔 전화를 받는다. 우리콩으로 쑨 메주를 구해 달라는 전화이다. 아예 내년 봄에 된장과 고추장을 만들어줄 수 없겠냐는 이들도 있다. 이럴 줄 알았으면 일찍이 전통음식에 관심을 가지는 건데, 가끔 후회가 될 때도 있다. 한두 번 만들어본 것으로야 어디 제대로 장맛을 내겠는가?

가족들을 연이어 병으로 잃은 뒤 먹을거리에 부쩍 관심을 기울이는 친구가 하나 있다. 지난 봄 앞밭에 콩을 심고 여름내 밭 매느라 고생깨나 했다는 말을 듣자, 그이는 "그럼 그거, 진짜 우리콩이겠네!" 하며 전화기 너머에서 침을 꼴깍 삼켰다. 메주만 만들어주면 부르는 대로 값을 내겠다는 말에 귀가 솔깃해져, 나는 겨울이 되면 메주를 만들겠다고 선선히 대답했다. 농사 수입

이라야 다섯 마지기 논에서 거두어 들일 쌀이 전부일 것이 뻔했으니까.

앞밭에서 거둔 콩이 그럭저럭 반 가마는 넘었지만 극심한 가뭄 탓인지 지난해 수확만 훨씬 못했다. 친지들에게 이리저리 나누어주니 남은 것이 두 말 정도였다. 작년에 담근 된장도 아직 넉넉하겠다. 게으른 천성이 발동하여 올 겨울 메주는 그만둬야겠다고 일찌감치 마음 먹었다. 친구와의 약속은 이미

까맣게 잊어버린 터였다.

며칠 전, 맡겨둔 것이라도 되는 양 기세 좋게 메주를 달라는 친구의 전화를 받고는 그만 얼굴이 벌게지고 말았다. 되다 만 콩, 반쯤 썩은 콩, 잔돌이 섞인 콩을 벌써 두 달이 되도록 자루째로 거실 한구석에 처박아 놓았던 것이다.

마을에 메주 남은 것이 있나 알아보겠다 하니 친구는 맥 빠진 목소리로 올해는 그냥 남은 된장으로 버티겠다며 "대신, 내년엔 꼭이야!"를 여러 번 반복했다. 그러면서 또 "근데, 네가 진짜로 메주를 만들었단 말야?" 하고 확인하려 들었다. 하긴 내가 생각해도 신기하니, 한때 잘 나가던 직장인으로 나를 기억하고 있을 친구는 오죽하랴.

여름 땡볕을 맨 얼굴로 버텨 그새 늘어난 주름살로 짜글짜글해진 내 얼굴을 보면 친구는 무어라 할까? 냉방시설이 완벽한 사무실에서 한여름에 긴소매 옷도 서늘해 겉옷을 입고 우아하게 근무했던 그 시절보다 들에 엎드려 비 오듯 땀을 흘리며 일하는 지금이 더 마음 편하다고 하면, 친구는 또 어떤 얼굴을 할까? 2002. 2

"어머니는 짜장면이 싫다고 하셨어"

"이름 한 번 참 거창하네. 그룹 이름이 하느님이라니……."
저녁을 먹으면서 텔레비전을 무심코 바라보다가 나도 모르게 중얼거렸다. 무대가 좁아라 뛰어다니며 알 수 없는 소리를 웅얼거리는 젊은이들의 발 아래 자막에 'GOD'라고 적혀 있었던 것이다. 나중에야 초등학생 조카손녀 은지로부터 그 친구들의 이름이 '갓'이 아니라 '지.오.디.'라는 것을 알았다.

얼마 후, 텔레비전에서 그 젊은 친구들을 다시 보게 되었는데 귀를 세워도 알아듣기 어려운 가사에도 불구하고 나는 채널을 바꿀 수 없었다. 언뜻 귀에 들어온 가사 한 마디 때문이었다.

"어머니는 짜장면이 싫다고 하셨어."

늘 생선대가리만 잡수셨던 친정어머니가 떠올랐던 것이다. "난 몸통은 싫어. 이게 젤 맛있어" 하시던 어머니.

그리고는 까맣게 잊었던 지.오.디.의 그 노래를 다시 떠올리게 된 것은 새 때문이었다. 어제 늦은 오후, 이름 모를 새끼새 한 마리가 내 논장화 속으로 떨어졌다. 오전에 논에서 피사리를 하고 개울물에서 대충 흙을 턴 논장화를 현관 옆에 묻은 김장독 위에 올려놓았는데, 작은 새가 하필이면 그 속으로 떨어진 것이다.

날기 위해 얼마나 애를 썼는지, 날개도 접지 못한 채 기진맥진해 있는 새를 남편이 발견한 것이 오후 다섯 시쯤이었다. 복숭아 과수원에 줄 천연 영양제를 준비하고 있는데 어딘가에서 자꾸 새 울음소리가 나더란다. 사방을 둘러보아도 새는 보이지 않는데, 마음이 쓰일 정도로 기진한 듯한 울음소리가 계속 들리더란다. 귀를 잔뜩 세우고 울음소리를 쫓아가니 내 노란 논장화 속에 새끼새가 들어 있었다는 거였다.

새는 터널 같은 장화 속에서 날개를 파닥거리고 있었다. 남편과 내가 새끼를 구출하기 위해 궁리를 하고 있는 사이, 헛간 뒤쪽으로 늘어진 느티나무 가지 위에 새 한 마리가 나타났다. 나뭇가지 바로 밑에 있는 개투가 사납게 왈왈 짖어대도 새는 자리를 떠나지 않았다. 평소에는 우리가 아무리 조심스럽게 다가가도 새들은 귀신같이 발자국 소리를 눈치 채고 포르르 날아가곤 했는데, 그 새는 자신을 지켜보는 우리의 시선에 전혀 아랑곳하지 않았다. 논장화 속에 빠진 작은 새의 어미가 틀림없었다. 새끼의 애처로운 울음소리를 듣고 찾아왔으리라.

어미새는 김장독 위로 지붕을 달아 낸 작은 헛간에 걸어놓은 마늘자루까지 날아오기도 했고 논장화 언저리를 빙빙 돌기도 했다. 현관문 앞에 서서 어미 새를 지켜보던 나는 나도 모르게 "앗!" 하고 소리를 지르다가 얼른 손으로 입을 가렸다. 논장화 가까이까지 날아온 어미새의 부리 사이에 무언가 먹이가 있었던 것이다. 어미는 논장화 주위를 한동안 빙빙 돌다가, 다시 느티나무 가지 위로 날아가 앉았다.

얼마나 오래 전부터 갇힌 것일까, 새끼의 울음소리가 빠르게 잦아들기 시작했다. 내 무릎 위까지 오는 논장화는 작은 새가 혼자 힘으로 빠져 나오기에는 너무 깊었다. 어미도 자식을 구출할 수 있는 뾰족한 묘책이 떠오르지 않는 듯, 가지 아래로 꼬리를 늘어뜨린 채 꼼짝도 하지 않고 앉아 있었다.

남편은 나무덩굴로 엮은 장식용 새둥지 하나가 창고에 있는 것을 생각해냈다. 가지 위에 앉은 어미새가 지켜보는 가운데 남편은 둥지에 짚을 깔아 헛간 뒤 쥐똥나무 울타리에 달았다. 새끼를 논장화에서 꺼내 둥지로 옮길 생각이었다.

남편이 새끼를 꺼내기 위해 조심스럽게 논장화에 손을 넣는 순간, 녀석은 그야말로 젖 먹던 힘을 다해 푸드득 날아가 현관 층계참에 앉았다. 다행히 그곳은 어미가 접근하기 쉬운 평지였다. 우리는 헛간 앞에 서서 숨을 죽인 채 어미와 새끼를 지켜보았다.

어미새는 무섭게 컹컹 짖는 개들도, 헛간 앞에서 자기만을 주시하고 있는 우리 부부도 전혀 안중에 없는 듯했다. 먹이를 입에 문 어미가 곧 층계참으로 날아와 새끼에게 먹이를 먹였다. 잠시 새끼를 지켜보던 어미가 커다란 포물선을 그리며 날아올랐다. 어미 때문이었는지 먹이 때문이었는지 기운을 얻은 새끼가 어미의 뒤를 따라 날개를 저어 하늘로 날아올랐다.

옆집 옥수수 밭 하늘 위를 날아가는 어미새와 새끼새를 보고 있노라니 가슴이 찌르르해지면서 지.오.디.의 노래 가사가 떠올랐다.

"어머니는 짜장면이 싫다고 하셨어."

생선대가리가 제일 맛나다고 하시던 친정어머니의 얼굴도 어른거렸다.

2002.6

"도리깨질은 아무나 하나"

나이가 들었는지 툭하면 잊어버리는 것이 많아 혼자서도 민망할 때가 많은데, 어떤 기억은 어제 일처럼 또렷한 것이 있다. 3년 전 이맘때 어느 오후의 풍경도 그렇다.

사슴 사료를 사기 위해 남편이 운전하는 차를 타고 부론으로 넘어가는 길이었다. 추수가 끝나 그루터기만 남은 너른 논에서 머리에 수건을 두른 할머니와 모자를 눌러 쓴 할아버지가 마주 서서 긴 회초리를 번갈아 내리치고 계셨다. 달리는 차안이어서 소리는 들리지 않았지만 내 마음속에는 회초리 소리가 윙윙 들렸다. 새것이었는지, 논바닥 위에 깔려 있던 방수포의 파란색이 눈이 시리도록 선명했다.

집으로 돌아오는 길, 어스름이 내려앉기 시작하는 들판에서 두 분은 그저도 회초리질을 하고 계셨다. 두 분 뒤 나지막한 산에 붉은 빛이 도는 낙엽송이 띠처럼 둘러져 있었는데, 나는 꼭 밀레의 '만종'을 보는 것 같았다. 오랜 세월을 흙과 함께 산 노부부의 기도 같았을 삶 때문이었을까. 그날 두 분이 내리치던 회초리 같은 것이 바로 말로만 듣던 도리깨였다.

그해, 마침 우리도 콩 농사를 처음으로 지었다. 소연 할아버지께서 나누어 주신 메주콩을 앞밭에 심은 것이 고맙게도 꽤 실한 열매를 다닥다닥 달았다. 성스럽기까지 하던 노부부의 모습이 떠올라 나도 남편과 마주 서서 도리깨질로 콩을 털고 싶었다. 만종이야 언감생심이지만 어렸을 적 이야기책에 나오는 달님 속의 토끼 내외 비슷하게는 보이지 않을까, 하는 욕심이 나기도 했다. 흑대문집 할아버지께서 물려주신 고무래에 대한 기분 좋은 기억도 한몫을 했다. 그해 생전 처음 지은 벼를 말리면서 아저씨의 손때가 묻은 고무래로 이력이 아주 오랜 농부처럼 온갖 폼을 다 잡았던 것이다.

윤이 반질반질 나는 도리깨를 구하려고 여러 댁을 돌아다녔으나 허사였다. 손수 만든 도리깨가 귀하기도 했지만 "도리깨질은 아무나 하나" 하시며 모두들 고개를 저으셨던 것이다. 남편과 나는 그리하여 다듬이질하는 사람들같이 마주 앉아 판자 위에 놓인 콩대궁을 작대기로 내리쳤다. 그렇게 얻은 콩으로 생전 처음 메주도 쑤고 된장도 담그면서 우리는 콩 농사에 재미를 들였다.

지난해는 앞밭 가득 메주콩에 서리태와 쥐눈이콩까지 심었다. 그리고 이번에는 꼭 도리깨를 구하리라 작정했으나 세월의 흔적이 있는 도리깨는 어디에도 없었다. 장호원 장까지 나간 남편이 들고 온 도리깨를 보자 "에게!" 소리가 절로 났다. 길고 하얀 금속대는 멋대가리라곤 하나도 없었고, 역시 금속으로 된 세 갈래 회초리는 꼭 부침개 주걱처럼 경망스러웠다. 한없이 경박해 보이는 모습과는 달리 휘두르려니 또 어찌나 무겁던지 나는 열 번을 채 넘기지 못하고 남편에게 도리깨를 넘겨주고 말았다.

남편이 콩더미 위로 휘두르는 도리깨 소리를 들으며 나는 쪼그리고 앉아 땅에 흩어진 콩알을 주웠다. 노란 콩알을 주워 바가지에 담으려니 문득 재작년 겨울, 생전 처음으로 콩알을 고르던 저녁이 생각났다. 그날의 일기를 옮겨 본다.

콩대궁을 작대기로 쳐서, 쏟아진 콩을 선풍기로 바람을 날려 콩깍지를 거두고, 미아리고개 점집의 눈 먼 여인처럼 동그란 앉은상을 앞에 놓고 되다 만 콩, 썩은 콩, 잘못 들어온 돌을 골라낸다.

잘생긴 콩은 공처럼 동그래서 상을 약간 기울여 조심스레 흔들면 상 가장자리 턱을 담으로 삼아 좌르르 소리를 내며 모여든다. 상 윗부분에 남아 있는 못생긴 놈들은 오리와 닭의 모이가 되고, 콩깍지는 콩대궁과 함께 사슴들의 먹이가 된다.

남편과 상 앞에 마주 앉아 콩을 고르면서 사람이 콩만큼 되기가 낙타가 바늘구멍 들어가는 것만큼 힘들 거라고 생각했다. 씨알은 씨알대로 사람들 먹이가 되고 바삭바삭 소리가 나게 마른 몸뚱이는 뿌리부터 대궁까지 짐승들 먹이가 되고, 거기에 더해 시인에게는 영감을 주기까지 하니 말이다.

예전 같으면 아무 생각 없이 남이 해놓은 두부나 콩국수를 먹으며 맛 타령이나 했을 텐데, 지금은 콩에게서 배우는 것이 이리도 많다. 이제는 싸전에 놓인 콩을 보면 그것 내느라 애면글면했을 농부님네 생각이 절로 난다. 씨 뿌리고 땡볕에서 바랭이 뽑느라 땀 흘린 생각에 못생긴 한 톨도 애지중지하게 된다. 서울 살 때는 꿈도 못 꾸던 일이다. 2002. 11

만주 할머니의 뜰

복숭아밭에 뒤늦게 퇴비를 주고 있는 남편에게 물도 갖다 줄 겸, 지난번에 뿌린 호밀이 얼마나 컸나 궁금하여 간장골에 올라가는 길이었다. 전선에 앉은 까치를 보느라 정신없이 하늘만 쳐다보고 가는 나를 마을회관 앞 수돗가에서 물을 받고 있던 만주 할머니께서 먼저 보신 모양이었다.

"어디 가게?"

"과수원에 퇴비 주고 있어서요."

"아이구, 용하기도 하지."

야윈 뺨으로 함박웃음을 웃으시는 만주 할머니의 얼굴이 어린애같이 밝고

환했다.

　만주 할머니는 내게 예사 시골 할머니가 아니시다. 그 어른이 가꾸시는 뜰 때문이다. 간장골 오르는 길이 여럿 있지만, 나는 늘 만주 할머니의 뜰을 들여다볼 수 있는 순이네 뒷길로 길을 잡는다. 그리고 나지막한 돌담 앞에 서서 할머니의 뜰을 오랫동안 바라본다. 가을이 깊어가는 돌담에는 배배 마른 호박넝쿨이 갈퀴손을 하고 있었지만, 할머니의 뜰은 그날도 금방 비질을 끝낸 듯, '잘 빗질한 가르마 같이' 정갈했다.

　어떤 귀한 것을 담으신 것일까, 작년 여름에 새 식구가 되어 장독대 맨 앞 줄에 자리잡고 있는 작은 항아리 위에는 비싼 밀폐형 유리뚜껑도 성에 안 차셨는지 손잡이가 달린 깜찍한 뚜껑을 씌워 놓으셨다. 김장 끝이었는지 장독대 뒤쪽 배추밭 고랑에는 솎아낸 배추 줄기가 누워 있었다. 고랑이고 밭이고 가리지 않고 배추 줄기가 아무렇게나 널브러진 우리 배추밭과 달리 줄을 맞추어 얌전히 고랑에 누워 있는 배추 줄기를 보고 있노라니 나도 모르게 나지막한 감탄사가 흘러나왔다.

　만주 할머니의 뜰을 보고 있노라면 새벽 예불 시작하기 전, 목욕재계하고 앉은뱅이 경대 앞에 앉아 머리를 빗으시던 친정어머니가 생각난다. 단정함을 넘어서 경건함이 느껴지는 모습이었다. 지난해 여름 어느 날의 만주 할머니가 꼭 그러하셨다.

　타는 듯한 가뭄이 오랫동안 계속되던 날이었다. 간장골 올라가는 길, 그날도 나는 버릇처럼 만주 할머니네 돌담 앞에 멈추어 섰다. 마침 할머니께서는 장독 뒤 배추밭에 엎드려 계셨다. 할머니 옆에는 신문지로 접은 작은 고깔모자들이 얌전하게 쌓여 있었다. 할머니는 땅바닥에 무릎을 꿇고 앉아 활처럼 등을 굽힌 채 땡볕에 타들어가는 배추모에 고깔모자를 하나씩 씌워주시는 중이었다.

무심한 하늘은 구름 한 점 없이 높고, 낮은 돌담 위엔 호박 넝쿨이 푸르고, 햇볕을 받은 장독들은 보석처럼 반짝이고, 장독대 옆에는 할머니께서 들며 나며 집어내신 돌로 만든 아담한 돌탑이 서있었는데, 왜 그랬을까, 나는 눈물이 핑 돌았다.

내가 앞으로 오랫동안 시골에서 산다면, 그리고 누군가 문득 내 뜰을 들여다보게 된다면, 만주 할머니 담장 앞에서 내가 그랬던 것처럼 그이가 잠시 멈추어 설 수 있는 뜰을 가꿀 수 있으면 좋겠다. 나그네의 발길을 멈추게 하는, 그리하여 자신의 마음속을 가만히 들여다보게 하는, 그런 것을 나도 가꿀 수 있으면 참 좋겠다. 2002. 11

프로 농군과 초보 농군

거실에서 바라보이는 영수 할아버지의 직사각형 논 위에 커다란 삿갓 모양의 짚가리 여섯 개가 일정한 간격으로 나란히 서 있다. 꼭 조형미술 작품 같다. 봄부터 겨울까지 영수 할아버지의 논은 거대한 종합 예술관이다. 자연의 흐름에 따라 시시각각으로 변하는 야외 예술관.

논물 위로 고개를 내밀고 있는 연두색 볏모가 초록으로, 또 진초록으로 짙어지는 봄과 여름의 논은 거대한 풍경화가 담긴 캔버스이다. 가을날, 바람이 불면 황금색으로 물결치는 벼는 느린 속도로 돌아가는 영화 같다. 눈을 감으면 쏴아쏴아 바람소리와 함께 벼들이 몸을 부딪는 소리가 들린다. 누렇게 익은 벼 위로 콤바인이 지나가면 도미노 칩처럼 쓰러져 줄줄이 길게 눕는 볏짚은 애니메이션이다. 그리고 겨울, 낮은 그루터기만 남아 있는 빈 들은 거대한 설치예술 무대가 된다.

올 겨울, 영수 할아버지의 설치예술은 벼 베기가 끝난 다음날로 곧장 시작되었다. 내가 아침 설거지를 마칠 즈음 논에 나온 할아버지는 길게 누운 볏짚을 한 아름씩 집어 이곳 사람들이 "꼭지를 친다"고 하는, 작은 짚단을 만드셨다. 저녁밥을 준비할 무렵에는 할아버지네 너른 논 가득히 작은 짚단들이 열병식의 병사들같이 차렷 자세로 늘어서 있었다.

첫서리가 내릴 무렵 할아버지의 두 번째 예술 작업이 시작되었다. 아침 일찍 지게를 지고 나오신 아저씨는 논에 빽빽이 서 있는 작은 짚단을 지게에 담아 일부는 개울가 공터로 옮겨 놓고 일부는 논바닥 위에 여섯 무더기로 모으셨다. 짚단을 쌓아 짚가리를 만드시려는 것이다. 어스름이 내릴 무렵, 삿갓 모양의 어른 키보다 큰 짚가리가 논 위에 여섯 개, 개울가 공터에 세 개가 서 있었다.

할아버지의 세 번째 작업은 해체예술이다. 꽃다지가 제법 무리를 지어 피어나 논둑이 노랗게 보이는 봄이 오면 할아버지는 다시 지게를 지고 논에 나타나셨다. 논 위에 서 있는 커다란 짚가리가 조금씩 허물어지는가 싶더니, 논바닥 위에 작대기로 버텨놓은 지게 위에는 작은 짚단이 사람 키만큼 쌓여갔

다. 지푸라기도 모이면 무거운 것일까, 한 무릎은 꿇고 한 무릎은 세우고 앉은 할아버지가 지게를 지고 일어나시는 데 시간이 조금 걸렸다. 지게에 진 짚은 소의 먹이가 되기 위해 헛간으로 들어가겠지.

그렇게 몇 번을 나르셨을까, 오전 일을 마친 할아버지가 우리집 낮은 대문을 지나 잎이 올라오기 시작하는 쥐똥나무 울타리를 지난 시각이 정확히 열한 시 55분이었다. 들에 엎드려 사신 세월이 얼마일까, 일 시작하고 일 끝나는 시간이 꼭 시계로 잰 것 같다.

남편은 간장골 논에 갈 때마다 "얼마 안 걸려" 하고 올라가지만 제 시간에 내려오는 법이 없다. 프로 농군과 초보 농군은 그렇게 다르다.

지난 여름, 남편이 혼자서 들일 갈 때마다 나는 물었다.

"얼마나 걸려?"

"얼마 안 걸려."

"얼음물 담을까?"

"아냐, 됐어. 금방 올 거야."

그리고 남편은 돌아오지 않았다. 얼음물을 가지고 올라가면 남편은 그때까지도 땀에 범벅이 된 채 논에 엎드려 있었다. 일은 도대체 끝날 기색이 보이지 않았다. 얼마나 세월이 흘러야 남편은 프로농군이 될까? 2002. 12

아픔 없이는 어떤 변화도 없어라

느티나무에서 매미가 끈질기게 운다. 오늘같이 해가 쨍쨍한 날은 정말 한 순간도 쉬지 않고 줄기차게 운다. 매미는 목도 쉬지 않는가 보다. 비가 오면 어디론가 숨어들었다가 비가 그치면 해가 진 후에라도 그날 몫은 반드시 울어대니, 차라리 처절하다고 해야 할까.

아무리 한여름의 정서를 대표하는 소리라고 하지만 매미의 울음도 때로는 공해가 된다. 느티나무 바로 아래 터를 잡고 있는 개투와 꾀순은 여름이면 매미 울음에 진저리를 친다. 특히 털이 길어 더위를 몹시 타는 개투는 거의 히스테리가 된다. 극성스런 매미 울음에 컹컹 짖어대며 짜증을 내고 있는 개투의 머리를 쓰다듬으며 나는 중얼중얼 일렀다.

"짜증내지 마라. 매미도 알고 보면 한 많은 생명이란다. 그애들보다 오래 사는 네가 이해하렴."

돌 지붕 위에 다리를 뻗고 앉아 있던 개투가 끙 하고 돌아누웠다. 돌아누운 개투의 등을 쓰다듬으며 나는 매미의 한 많은 생애를 떠올렸다.

매미는 알의 상태로 나무에서 1년을 지낸다 한다. 알에서 깨어 애벌레가 되면 짧게는 수년에서 길게는 17년까지 땅속에서 살아야 한단다. 그렇게 길고 어두운 유배의 시간을 보낸 다음 지상으로 나와 허물을 벗고 나무 위에서 사는 시간이 기껏해야 보름이라니. 지상에서의 그토록 짧은 생을 위해 어둠 속에서 보낸 세월을 생각하면 목을 놓아 울 수밖에 없으리라. 그 처절한 울음의 목적이 암컷을 부르는 것이라는 것 또한 처절하다.

동물의 생활사에는 눈물겨운 것이 많다. 자신에게 주어진 길을 처절하도록 충실하게 받아들이는 때문일까. "본능과 욕구에는 한없이 충실하게, 그렇지만 아무런 욕심 없이 그 비좁은 한계 안에서 사는 기이한 영혼들." 고단한 들일 중에 만나는 이들 '기이한 영혼'들은 어머니같이 내 마음을 어루만져 주기도 하고, 스승처럼 나를 깨우쳐주기도 한다.

이즈음 논에서 자주 눈에 띄는 잠자리 유충도 그 가운데 하나다. 벼 줄기에 붙어 있는 유충을 뒤에서 꼭 끌어안고 있는 잠자리를 맨 처음 보던 날은 잠자리는 다른 종과도 짝짓기를 하는구나, 그렇게 생각하고 말았다. 그날 밤, 문득 논에서 보았던 잠자리의 모습이 마음에 걸려 백과사전을 찾아보니, 그것이 바로 잠자리가 애벌레에서 날개를 달고 성충이 되는, 우화(羽化)의 한 장면이었다.

어제 아침 우리 논에서 잠자리 유충을 보는 순간, 나는 숨이 막히는 것 같았다. 애벌레는 바로 내 눈앞에서 이제 막 날개를 편 잠자리를 떠나보내고 있었다. 녀석의 등가죽에는 잠자리가 빠져나간, 칼로 오려낸 것같이 선명한 자국이 있었다. 실체는 빠져나가고 허물만 남은 애벌레가 벼 줄기를 어찌나 단단히 부여잡고 있는지, 순간적으로 머리털이 서는 느낌이었다. 넉 장의 날개를 활짝 펴고 첫 비행을 하는 자신의 분신을 바라보며 애벌레는 과연 무슨 생각을 했을까. 그 다음날도, 또 그 다음날도 애벌레는 그 자리에서 벼 줄기를 꽉 끌어안고 있었다. 아픔 없이는 어떤 변화도 없다는 진리를 온몸으로 토로하는 녀석을 보며 나는 가슴이 먹먹했다.

시골에서 맞은 첫여름, 새벽 산책길에 만난 잠자리도 죽비로 치듯 나를 내리쳤었다. 왕고들빼기 줄기에 매달려 밤을 지새운 잠자리는 온몸이 이슬에 젖어 있었다. 죽을힘을 다해 무엇인가를 견디는 듯한 그 모습에서 나는 처음으로 바위에 오르던 날을 떠올렸다. 저 아래 땅은 까마득하고 올라가야 할 바위는 끝이 보이지 않는데, 손으로 잡을 곳도 발로 디딜 곳도 없는 막막함. 그러나 어쨌든 혼자서 올라가야 할 길이었다. 잠자리는 내게 무소의 뿔처럼 혼자서 가라고 온몸으로 외치는 것 같았다.

"소리에 놀라지 않는 사자와 같이
그물에 걸리지 않는 바람과 같이
흙탕물에 더럽히지 않는 연꽃과 같이,
무소의 뿔처럼 혼자서 가라." 2003.7

속 썩이던 까치, 새집을 짓다

까치부부의 집짓기가 해를 넘겨 이어지고 있다. 공사가 시작된 지 보름 남짓 지나자 느티나무 꼭대기에 둥글게 틀이 잡힌 집 하나가 들어섰다. 지난해 초에 지은 집도 겉으로 보기에는 멀쩡한 것 같은데, 까치는 헌집보다 새집이 좋은 모양이다. 아니면, 해마다 다른 녀석들이 찾아와 둥지를 짓는지도 모르지.
 야무지고 단정한 생김새와 다르게 까치는 얼기설기 집을 짓는데 어설픈 그 모양이 오히려 가지 많은 느티나무와 그럴듯하게 어울려 자연스럽다. 까치둥지를 보고 있노라면 어렸을 적에 살던 공덕동 집 처마 밑에 붙어 있던 제비집이 생각난다. 봄이 되면 어김없이 우리집을 찾아오는 제비는 새집을 짓는 법이 없이 먼젓번의 집을 보수하곤 했다. 크기야 까치집과 비교가 안 되게 작았지만, 꼭 사람이 일부러 만든 것처럼 암팡지고 야무졌다. 장난기가 발동한 까까머리 오빠들이 사다리를 타고 올라가 둥지 속의 알을 꺼내다가 어머니에게 들켜 된통 야단을 듣던 기억도 난다.

지난해 겨울에 느티나무를 찾아온 까치는 하필이면 우리집 마당 안으로 늘어진 가지 위에 집을 지었다. 두 녀석이 번갈아가며 나뭇가지를 부지런히 끌어댔는데, 부리에서 떨어진 가지들로 마당 한 쪽이 한동안 어지러웠다. 장작 보일러 불쏘시개로 쓰면 딱 좋겠다며 나뭇가지를 줍던 남편이 나무를 올려다보며 "저 녀석들, 초보인가 보네" 했다.

올해 까치집의 임자는 솜씨로 보아 작년에 집을 짓던 녀석들인 듯싶다. 신축중인 둥지 아래로 떨어진 나뭇가지들이 이제는 별로 없는 것을 보니. 나뭇가지 하나를 입에 물고 둥지로 들어가면 까치는 여간해선 집 밖으로 몸을 드러내지 않았다. 가끔 둥지 위로 꼬리가 비쭉 나오는 것으로 보면, 부리로 바닥을 다지는 작업을 하는 것 같다. 나뭇가지 하나를 물고 들어갔을 뿐인데 시간이 오래 걸리는 것을 보면 얼기설기한 외양에 비해 내부 공사는 아주 꼼꼼하게 하는 모양이다. 나무 위를 쳐다보느라 뒷목이 뻣뻣해질 즈음에야 까치는 작업을 마쳤다. 일을 마친 녀석은 단호하게, 조금의 주저함도 없이 단 한 번에 하늘로 푸드득 날아올랐다.

늘 쌍을 이루는 또 한 녀석은 그동안 근처 가지 위에 꼬리를 길게 드리우고 앉아 사방으로 경계의 눈길을 보내며 망을 보고 있었다. 약속한 신호인지 가끔 "깍깍" 그렇게 꼭 두 번씩 우는 소리를 냈다. 나와 잠깐 눈이 마주친 것 같았는데도 녀석은 소리를 내지 않았다. 하루에도 몇 번씩 마당에 서서 느티나무를 올려다보는, 궁금증 많은 여자의 얼굴을 익힌 모양이다.

서로 나뉘어 하나는 집을 짓고 하나는 망을 보는 까치부부도 정겨워 보이지만, 하늘에 닿은 가지 위에 몸을 붙이고 나란히 앉아 꼬리를 길게 늘인 채 자신들의 보금자리를 내려다보는 부부의 모습은 더없이 아름답다. 그곳에서 따뜻하게 겨울을 나고, 봄이 되면 새끼들도 낳으리라 생각하겠지.

지금은 정겹기만 한 저 까치란 녀석들이 지난 봄과 여름 내내 내 속을 무던히도 태웠다. 옛 어른들 말씀대로 날짐승 하나, 들짐승 하나, 사람 하나 먹으라고 세 알씩 심은 콩을 녀석들은 욕심 사납게도 몽땅 꺼내먹곤 했다. 처음 열매를 맺은 간장골 복숭아 과수원에선 또 어땠는가. 잘 익은 것을 귀신같이 알아내어 주인보다 먼저 맛을 보지 않았던가.

밤낮을 가리지 않고 조용한 시골 마을을 뒤흔드는 가짜 총소리에서부터 진짜 사냥꾼까지, 여름날 까치와의 전쟁은 살벌하기까지 하다. 사람이고 까치고 한 세상 살기 위해 목숨 받아 이 땅에 온 것인데, 더불어 사는 방법은 없는 것일까?

느티나무에는 이제 까치집 세 채가 이등변 삼각형을 이루고 있다. 새로 짓는 집은 나머지 두 집의 한가운데, 그리고 하늘과 더 가깝다. 까치가 높은 곳에 집을 지으면 그 해에는 태풍이 없다는데, 올해는 태풍 걱정은 안 해도 되려나? 우리집같이 까치집 아래 집을 지으면 부자가 된다는 말도 있단다. 부자는 그만 두고, 그저 먹고 살 만하다는 소리나 할 수 있으면 좋으련만.
2003. 1

겨울철 시골 사는 재미

일이 없는 겨울을 잘 보내는 것도 시골생활에서 해결해야 할 일이다. 시설 재배나 목장이 없는 우리 마을 사람들은 느타리버섯 재배하는 한 집을 빼놓고는 겨울이면 모두 두 손을 놓게 된다. 예전에는 푼돈이 생기는 부업 일감이 간간이 있었다는데 그것마저 품값이 싼 중국으로 빠져나가는 바람에 겨울철 일거리가 아주 없어졌다 한다.

물리치료를 받기 위해 읍내나 충주에 있는 병원으로 출근하는 사람들 외에 나이 드신 분들은 대개 마을회관에서 아예 합숙생활을 하신다. 자손들 이야기도 나누고 심심풀이 화투도 치는데, 도시 사는 자손들이 귤 상자나 소주 상자라도 들여놓고 가는 날이면 부쩍 활기가 돈다.

나이 드신 어른들이 마을회관에서 시간을 보내시는 동안, 젊은 아낙들은 삼삼오오 마실을 다닌다. 햇살이 따뜻하게 들어오는 한솔네 창 넓은 공방에 앉아 차도 마시고, 크고 작은 짚가리가 미술작품처럼 서있는 들판이 보이는 우리집 거실에 모여 앉아 김치만두를 빚기도 한다. 어른들이 도시에서 살고 있는 자손들을 보러 길 떠난 날이면 나리네 집이 모임 장소가 된다.

눈이 여러 날 이어져 고갯길을 넘어오는 버스가 끊어지는 한겨울의 마실은 더욱 각별하다. 그 고즈넉함과 기분 좋은 단절감이라니. 한곳에 모인 아낙들은 누가 먼저라고 할 것 없이 남편 흉을 늘어놓는다. 기껏 흉이라고 보는 것이, 그런데 새기고 보면 자랑이기 일쑤이다.

어디 수다뿐이랴. 품앗이 온 이웃들에게 식사며 새참 내느라 오랜 세월 동안 갈고 닦은 음식 솜씨가 빛을 발한다. 진서 어머니의 칼국수, 순이 어머니의 김치만두와 비지찌개, 나리 엄마의 도토리가루 부침개, 한솔네 호박범벅, 아람 엄마의 팥죽. 살얼음이 살짝 낀 식혜와 고추부각 그리고 사각사각한 삭힌 고추는 집집마다 나온다. 땅에 묻은 독에서 막 꺼내온 김치도 물론 기본이다. 김치도 어디 배추김치뿐인가. 총각김치, 동치미, 갓김치, 파김치에 깍두기까지. 골방에서 솔솔 풍겨나오는 콤콤하면서도 구수한 메주 냄새도 겨울마실의 흥취를 돋운다. 칼바람에도 아랑곳하지 않고 밖에서 뛰어 놀던 아이들이 발개진 볼을 하고 들어오면 젊은 엄마들은 금방 부친 부침개를 한쪽 떼어 후후 입으로 불어 아이들 입에 넣어준다.

지난해 겨울, 나리네서 먹었던 비빔밥은 지금 생각해도 입안에 침이 고인다. 커다란 양푼에 쌀은 한 톨도 안 섞인 꽁보리밥을 담고, 봄내 갈무리한 고사리와 취, 가을에 썰어 말린 호박, 시루에 기른 콩나물로 만든 갖가지 나물을 푸짐하게 얹어 고추장 두어 숟가락에 참기름 듬뿍 넣고 썩썩 비벼서는 가재미눈을 만들어가며 한입 그득 먹는 맛이라니.

돌아오는 봄에는 아랫밤골 젊은 아낙들이 공처럼 데굴데굴 굴러다니지 않을까 슬그머니 걱정이 되기도 한다. 그렇지 않아도 먹성들이 좋은데, 함께 둘러앉아 먹는 밥은 경쟁심까지 불러일으켜 한 그릇으로는 도통 성이 차지 않으니 말이다. 그렇다고 해서 이름 있는 특식이 나오는 것도 아닌데 함께 모여 먹는 것은 무엇이든 맛있기만 하니, "뭐든 많이 해야 맛있는 법"이라는 나리 할머니의 말씀에 고개를 끄덕이게 된다. 어렸을 적, 7남매가 옹기종기 둘러앉은 밥상에 김치와 된장찌개만 달랑 올라와 있어도 밥알 하나 남기지 않고 싹싹 먹었던 것도 그 때문이리라.

배가 어느 정도 차면 술 생각이 동한 누군가가 큰소리로 술을 찾고, 주인마나님은 마시다 남은 막걸리라도 내오게 마련이다. 그것마저 떨어진 때면 주인 어르신 혼자 몰래 드시는 매실주니 인삼주가 나오는데, 이럴 때면 수다와 음식으로 벌써 얼굴이 발그레해진 아낙들이 단체로 환호성을 지른다. 이웃사촌이 멀리 떨어진 피붙이 가족보다 더 살갑게 느껴지는 시간이다. 돌아서면 이런 저런 시름이 또 이어지겠지만, 겨울철 시골 사는 재미가 이런 것이 아니겠는가. 2003.1

소에게서 배운다

겨우내 조용했던 마을이 다시 활기를 띠기 시작했다. 이른 아침부터 경운기 소리가 요란하게 들린다. 논으로 밭으로 나가는 발길도 서두름이 역력하다. 논흙도 갈아엎고 고추밭에서 겨울을 난 지주대도 걷고, 비닐 아래서 한 뼘은 자란 마늘 싹이 숨을 쉴 수 있게 비닐에 열십자로 구멍도 내야 하니 할 일이 태산인 것이다.

4. 더불어 살아가는 법을 배우다

며칠 전, 맨발로 우리 논에 들어섰던 아이도 언젠가는 어른이 되겠지. 어른이 된 어느 날, 도시의 빌딩 숲을 정신없이 걷다가 문득 어린 날 빨간색 반바지를 입고 산골짜기 논에 들어섰던 기억을 떠올릴 수도 있겠지. 자신의 발을 감싸안던, 그 놀랍도록 부드러운 논흙의 감촉이 떠오르면 잠시나마 미소를 지을 수도 있으리라. 저 어린 날에 그랬던 것처럼.

어버이는 흙에 묻혀서도 자식을 살게 하는구나

며칠 전 지역 텔레비전 방송에서였다. 할아버지 한 분이 양손에 지팡이를 짚고 눈 덮인 언덕길을 힘겹게 오르고 계셨다. 올해 연세 아흔넷, 뒷산에 모신 부모님 산소에 가시는 길이라 했다. 지난 70년 동안 할아버지는 그 일을 하루도 거르지 않으셨단다. 젊었을 적에는 30분이면 도착했던 거리가, 다리 힘이 다 빠져버린 할아버지께는 두 시간도 더 걸렸다.

화면이 바뀌어, 할아버지의 60살 된 며느리가 새로 지은 밥으로 조촐한 상을 차리고 있었다. 점심으로도 늦겠다며 아주머니는 서둘러 상을 들여갔는데, 할아버지는 그저도 혼곤한 잠에 빠져 계셨다. 카메라는 방바닥 한 쪽에 누워 있는 지팡이를 보여주었다. 그러니까, 주무시는 것과 땅 속의 부모님께 문안드리는 일이 할아버지 일과의 전부인 것 같았다.

상을 물린 할아버지가 완전무장을 하고 밖으로 나오셨다. 바람을 막으려는 듯 목도리 위에 겹쳐 두르신 노란 비닐봉지 위로 검버섯이 피어난 할아버지의 얼굴이 화면 가득 나오는 순간, 가슴 한 쪽으로 서늘한 시냇물이 흐르는 느낌이었다. 부모님은 흙에 묻혀서도 저렇게 자식을 살게 하는 힘이 되는구나. 산소에 오르는 일이 없다면, 할아버지는 종일 누워서 지내시리라.

힘겹게 무덤에 도착한 할아버지가 털모자와 목도리를 벗어 땅에 놓으셨다. 그리고 땅 속의 부모님께 기도하듯 절을 올리셨다. 문안을 마치고 다시 느릿느릿 산을 내려오며 할아버지는 말씀하셨다.

"이게 뭐 잘하는 일이라고. 부모님 살아실 제 이렇게 모셨어야지."

방송이 끝날 때쯤 나는 기어이 눈물을 흘리고 말았다. 효성이 지극한 할아버지보다 94살 난 아들을 일으켜 세우는, 흙 속에 누워 계신 어버이의 소리 없는 힘이 더 가슴 저렸다.

효 할아버지를 텔레비전에서 본 며칠 후 나는 꿈에서 어머니를 뵈었다. 세상 떠나신 지 10년, 깔끔한 어머니는 막내딸의 꿈에 도통 보이지 않으셨다. 색깔 고운 옷도 아니 입으시고 웃지도 않으시던 어머니를 꿈에서 뵈온 아침, 나는 거실 창가에 놓인 화분 하나를 오래도록 쓰다듬었다.

10년 전, 위암으로 사경을 헤매고 있는 큰아들 걱정에 어머니는 홀로 힘든 시간을 견디고 계셨다. 슬하에 7남매를 두셨는데도 그 많은 자식들은 외국에서, 지방에서, 또 지척의 거리에서 각기 제 일에 바빠 어머니를 모시지 못했다.

한사코 마다하는 어머니를 나는 관악산이 내려다보이는 우리 아파트로 모셔왔다. 창문 열면 아파트 건물들만 보이는 강남보다는 봉천동 꼭대기라도 산이 보이는 우리집이 나을 것 같았다. 마음 같아서는 어머니와 도란도란 이야기도 나누고 절에도 모시고 다니고 싶었지만, 직장에 매인 몸이니 아침에 나가면 저녁에나 돌아왔다.

어머니가 오신 다음날, 나는 퇴근길에 화원에 들러 어머니를 위해 작은 화분을 하나 샀다. '백량금' 이라는 팻말이 붙은 작은 화분은 수수한 푸른 잎이 편안해 보였다. 가을에 맺힌 빨간 열매가 이듬해 봄까지 간다는 화원 아주머니의 설명도 마음에 들었다. 어머니는 염주와 불경이 놓인 작은 상 위에 화분을 함께 놓으시고 일삼아 잎을 닦으셨다.

어머니는 그러나 우리집에서 열흘도 머물지 않으셨다. 오랫동안 혼자 사신 당신의 아파트가 편하시다는 거였다. 떠나시면서 어머니는 "나 보듯이 보거라" 하시며 그 화분을 두고 가셨다.

그 화분이 지금도 우리 시골집 거실에서 붉은 열매를 달고 있다. 어머니는 지금도 그렇게 나를 지켜보시는데, 나는 그동안 어떻게 살았던가.

"내가 내 자신에게 고개를 들 수 없을 때 나직이 불러본다 어머니.

내가 내 자신을 다스릴 수 없을 때 북쪽 창문 열고 불러본다 어머니."
2003. 1

늙은 호박의 가르침

올해는 소한 추위가 유난했다. 거실 창문으로 들어오는 한낮의 햇살이 바깥의 추위 때문인지 더욱 화사하고 따스했다. 그 햇살 아래 쪼그리고 앉아 눈 덮인 앞밭을 바라보고 있으려니 양식장 하나 가득 얼어죽은 숭어들도 생각나고 눈 무게를 못 이기고 주저앉은 비닐하우스도 떠올랐다. 말 못 하는 우리 복숭아나무는 또 얼마나 추울까.

고개를 흔들며 눈을 떨구니 씨앗 담은 항아리 위에 올려놓은 늙은 호박이 보였다. 지난해 호박 농사에서 꼭 하나 건진 것이다. 여름내 피고 지던 그 많은 호박꽃은 다 어쩌고, 꼭 늙은 호박 하나가 남은 것일까. 그래도 벌써 5년째 대를 이어가고 있는, 참 기특한 호박이다.

시골에 와서 두 번째 봄이었다. 남편이 귀농교육에서 만나 형제같이 지내게 된 이가 마침 이웃 마을에 살았다. 그이에게서 남편은 1500평쯤 되는 묵정밭을 빌렸다. 아무리 공을 들여도 밭이 될까 싶었지만 남편은 이른 봄부터 그 밭에 매달렸다. 비탈이 심해 경운기가 들어갈 수 없어 소를 얻어 밭을 갈았다.

경운기 이야기가 나왔으니, 남편이 처음으로 경운기를 몰고 그 밭에 가던 날은 또 얼마나 애가 탔던가. 차로 20분 남짓 걸리는 거리였는데 세 시간이 지나도 남편에게서는 기별이 없었다. 구불구불 고갯길이 이어지는 곳에 곳곳에 낭떠러지가 있어서 남편의 도착을 확인할 때까지 마음깨나 졸여야 했다.

남편이 고생한 덕분에 시간이 지나자 밭은 제법 꼴을 갖추었다. 마을 아주머니들 품을 얻어 비닐도 씌웠다. 검은 비닐이 층층이 골을 이루며 반짝이는 비탈밭은 평평한 밭보다 더 정겨웠다. 그 밭에 우리는 고구마와 토종 호박을 심기로 했다.

읍내 농약가게에서 파는 울긋불긋한 봉지에 들어 있는 호박씨가 왠지 미덥지 않아, 서울까지 올라가 동대문시장 종자상에서 됫박으로 파는 토종 호박씨를 구해왔다. 포트에 낸 모종은 동네 사람들이 감탄할 만큼 잘 자랐다. 모종을 본밭에 옮겨 심는, 정식을 하던 날은 허리가 끊어질 듯 아팠지만 뒷짐 지고 밭을 둘러보는 마음이 넉넉하기만 했다. 퇴비를 듬뿍 준 덕분인지 호박은 혼자서도 잘 자랐다.

애호박을 시장에 내야 할 무렵, 그러나 그만 탈이 나고 말았다. 땅 주인이 경운기 길을 내주지 않았던 것이다. 그 길에 그 분은 배추를 심으셨다. 경운기가 올라가야 하는데 어떻게 하느냐고 말씀을 드렸더니, 속이 들어차기 시작하는 배추를 뭉개고 올라가라는 거였다. 올라가지 말라는 말보다 더 모진 거절이었다.

  손에 스치기만 해도 자국이 나는 애호박을 우리는 지게에, 또 배낭에 지어 날랐다. 온몸에 멍이 든 호박 속에서 온전한 녀석을 가리는데 눈물이 어려 호박이 흐릿해 보였다. 동그라니 연초록 애호박이 너무 예뻐 마음이 더 아팠다. 남편은 늦가을까지 기다려 늙은 호박으로 거두자고 했다. 늙은 호박을 거두는 것은 그래도 나았다. 무겁기는 했지만 호박이 무를까 봐 애를 태우지 않아도 되었으니.

  값이 좋은 이듬해 봄까지 기다리느라 우리는 늙은 호박을 방마다 빙 돌려 쌓아놓기로 했다. 신문지를 똬리같이 접어 괴어 놓으면 상하지 않는다는 말을 듣고 손가락이 얼얼해지도록 똬리를 접었다. 기나긴 겨울밤, 늙은 호박에 둘러싸인 채 누워 있노라면 녀석들이 "여보게" 하며 혀를 쯧쯧 차는 것 같았다.

  바로 그 사연 많은 호박의 5대손이 꼭 하나 남아 나를 말끄러미 보는 거였다. 폭우, 태풍, 폭설 같이 피할 수 없는 자연재해보다 더 무서운 것은 사람을 잃는 것이라고, 그렇지만 어쩌겠냐고, 늙은 호박이 나를 향해 가만히 고개를 끄덕였다. 2003. 1

한 달 생활비와 맞먹는 새 등산장비

남편이 빙벽 등반을 다시 시작했다. 시골에 내려와서 이제까지 여섯 번의 겨울을 맞았는데, 농부가 된 남편이 얼음을 찾은 것은 올해가 처음이었다.

다시 찾은 산은 예전 그대로였지만 등반은 그동안 많이 변해 있었다. 예전에는 쩍! 소리가 나게 얼음을 찍었던 피켈을 젊은 후배들은 새색시처럼 조심스럽게 살짝살짝 얼음에 걸었다. 등반 형태에 맞추어 장비도 많이 달라져 있었다. 선등자가 확보를 위해 얼음에 박는 스크류는 손가락 하나만으로도 가볍게 얼음에 박혔고, 일단 얼음에 박히면 안 빠지기 일쑤여서 등반자의 힘을 쑥 빼놓곤 하던 피켈도 가뿐하게 잘 빠졌다. 후배들의 피켈에 비교하면 남편의 피켈은 무겁고 둔탁했다. 후배들은 남편의 장비를 골동품처럼 쓰다듬었다.

빙벽을 오르던 첫날, 나이는 못 속인다며 남편은 조금 우울해 했다. 함께 등반할 사람들이 가까이에 없는 것도 쓸쓸했나 보다. 다시 얼음을 시작하게 될 인연이었는지, 그 즈음 남편의 대학산악회 후배들이 오랜만에 연락을 해왔다. 후배들과 몇 차례 산을 다녀온 후 남편은 날개를 단 듯했다. 이번에는 연륜이라는 것을 무시할 수 없노라고 남편은 어깨를 으쓱했다.

지난 몇 년 동안 마음대로 되지 않는 농사와 씨름하느라 머리가 허예진 남편의 얼굴에 웃음이 떠나지 않았다. 든든한 후배들도 있겠다, 내친 김에 우리나라에서 제일 긴 토왕폭을 다시 오르겠노라고 남편은 기염을 토했다. 후배들에게 '민폐를 끼치지 않고' 3백 미터 빙폭을 오르기 위해 남편은 좋아하는 술도 끊고 열심히 몸을 만들었다.

오랜만에 자신감을 회복한 남편을 위해 나는 인터넷을 통해 피켈을 알아보았다. 후배의 날렵한 피켈로 60미터 인공 빙폭을 올랐던 남편이 "새로 나온 게 좋기는 하데" 하는 소리를 여러 번 했던 것이 마음에 걸렸던 것이다.

피켈 값은 그러나 우리가 한 달 생활비로 책정한 금액과 맞먹었다. 앗! 소리가 났지만 나는 두 눈을 꾹 감고 피켈을 주문하자고 했다. 처음에는 어림도 없는 일이라고 마다하던 남편도 나중에는 설날 새 운동화를 사주겠다는 약속을 받은 아이처럼 입을 다물지 못했다. 인터넷에서 피켈 대금을 입금하면서 나는 잠시 마음이 산란해졌다.

'이번 것도 한 20년은 쓰겠지? 그럼 남편 나이가 70인데 그때도 얼음을 할 수 있을까? 올해 농사 잘 지으면 되지, 뭐.'

혼자서 중얼대는데 문득 낮에 뵌 소연 할아버지의 홀쭉한 얼굴이 떠올랐다. 버스를 기다리고 계신 할아버지를 읍내 한의원까지 태워다 드렸던 것이다. 한평생의 들일로 얻은 병치레로 겨울이면 읍내 병원 출입이 할아버지의 일과가 되었다. 그저 얼음이나 찍는 것 외에는 아무짝에도 쓸모없는 피켈 두 자루에 한 달 생활비를 주었다면, 소연 할아버지는 과연 어떤 얼굴을 하실까? 주름살 깊은 이 땅의 어르신들 앞에서 나는 과연 농부라는 명함을 내밀 수 있을까?

귀농에 관심이 많은 후배가 내게 이런 질문을 한 적이 있었다.

"우리나라에서는 농사 지으면서 1년의 반은 쉬기도 하고 여행도 다니며 살 수 없을까요? 니어링 부부처럼요."

거의 불가능할 것이라고 나는 대답했다. 돈도 없고 마음의 여유도 없으니. 지난 6년 동안 일이 없는 겨울에도 산에 간 기억이 다섯 손가락으로 꼽을 정도이다. 그렇다고 마음 편하게 푹 쉬지도 못하니 내가 무언가 잘못하고 있는 것은 아닐까, 가끔 의문이 생길 때가 있다.

새 피켈이 오던 날, 남편은 마침 영농교육에 참가하고 있었다. 집 떠나면 연락을 하지 않는 사람이 그날은 다섯 번이나 전화를 했다. 집에 들어오기가 무섭게 남편은 느티나무 앞에 새 장비를 놓고 절을 올렸다. 힘들어도 꼭 하고 싶은 일은 하면서 살아야겠다, 그런 생각을 했다고도 말했다.

거금을 들인 피켈 덕분인지, 그 다음 주에 남편은 14년 만에 토왕폭 상하단을 무사히 올랐다. 2003. 2

가난해도 좋은 시간

철 따라 피어나는 들꽃을 쫓아다니느라 시간 날 때마다 앞산 뒷산을 뒤졌던 계절들을 떠올리며 '겨울 들판은 참 싱겁겠구나' 하고 슬그머니 걱정했다. 그러나 원색으로 피어나 단박에 눈길을 끄는 꽃은 없어도, 겨울의 꽃자리는 생각 깊은 아이처럼 조용하게 마음을 끌어당기는 힘이 있다.

간밤에 내린 서리를 온몸으로 맞은 채 꼿꼿이 허리를 세우고 있는 억새풀, 층층이 피었던 꽃자리 그대로 마른 꽃이 된 익모초. 살포시 내려앉은 눈이 무거운 듯 고개를 떨군 강아지풀. 그리고 겨울 목련!

초겨울, 꼭 가을같이 하늘이 높고 푸른 날이었다. 거실에 앉아 푸른 하늘을 보고 있으려니 원두막 지붕 위로 까치 한 마리가 포르르 날아와 앉았다. 그새 날아가 버릴 것이 뻔했지만, 삼각형 초가지붕 끝에 날개를 길게 늘어뜨린 모습에 기품이 어려 있어 카메라를 들고 밖으로 나갔다. 예상대로 까치는 이미 어디론가 사라지고 없었다.

원두막 옆의 목련나무는 커다란 잎을 아직 몇 장 달고 있었다. 붉은 잎 사이로 비치는 파란 하늘에 회갈색 털로 단단히 싸여 있는 목련 꽃눈이 보였다. 집 앞의 느티나무는 잎을 다 떨구어 스산하기만 한데, 목련은 다음해 이른 봄에 피울 생명을 그렇게 단단하게 잉태하고 있었다.

쌀쌀한 이른 봄에 잎이 나오기를 기다리지 못하고 탐스런 흰 꽃을 먼저 터뜨려 가슴을 설레게 하는 목련은 겨울을 나는 모습도 그렇게 다르다. 그 꽃눈을 처음 보았던 순간을 생각하면 지금도 가슴이 먹먹해진다. 참 이상하고 신비하다. 차디찬 겨울에 새봄의 생명을 준비하는 목련 꽃눈도 그렇지만, 시골에 와서야 목련 꽃눈이 내 눈에 띈 것도, 그 꽃눈을 볼 때마다 내 가슴이 먹먹해지는 것도 그렇다.

20년쯤 전, 신혼시절에 살던 암사동 집에는 엄청나게 큰 목련나무가 있었다. 얼마나 큰 나무였는지 봄이면 집으로 들어가는 골목 위의 하늘이 온통 하얀 목련꽃으로 덮여 있었다. 6년을 넘게 그 집에서 살았건만 이른 봄의 목련 꽃만을 찬탄했을 뿐 겨울 꽃눈을 본 기억은 전혀 없다.

시골에서의 첫봄, 남편은 마당에 손가락 굵기만 한 어린 목련을 한 그루 심었다. 암사동 집의 목련이 생각난다고 했다. 그해 겨울, 아직도 가느다란 목련 나무 앞에서 '암사동 목련만큼 커지려면 얼마나 세월이 흘러야 할까' 하고 혼잣말을 하는데, 앙상한 가지 끝에 회색 외투를 입은 꽃눈이 눈에 들어온 것이었다. 그 조용함과 단단함이라니. 처음 보는 겨울 목련 꽃눈이 어찌나 신비하던지, 나는 거실에서 신문을 읽고 있던 남편을 큰소리로 불러냈다. 암사

동 목련이 그리워 묘목을 심었던 남편도 겨울 꽃눈은 처음이라 했다.

"매화 꽃망울이 조금씩 커지면서 분홍이 되었다가 다시 하얀 꽃으로 피는 것은 매년 보아도 똑같이 감동스러울 거예요."

경주에서 매실 농사를 짓는 마로 어머니는 그 말씀을 하실 때 소녀처럼 해맑은 얼굴이 되었다. 어찌 꽃뿐이랴. 동이 트기가 무섭게 재재거리는 새들은

또 어떠한가. 푸른 잎이 무성할 때는 어디 숨었는지 보이지 않던 작은 새들이 잎 떨어진 가지 위에서 귀여운 자태를 자랑한다. 느티나무 가지 끝에 몰려 앉은 작은 새들은 꼭 나뭇잎 같아, 바람이 불면 가만가만 나부낀다.

눈발이 간간히 휘날리던 어느 아침, 갓 낳은 달걀이 전해주는 따스함을 손에 느끼며 앞밭을 건너오다 나는 걸음을 멈추었다. 긴 가지 하나를 입에 문 까치가 힘찬 날갯짓으로 하늘로 날아오르고 있었다. 붉은 기운이 도는 회색 하늘의 신비함이라니.

새벽녘까지 앞산에 남아 서편을 바라보는 눈썹 같은 그믐달과 초저녁 하늘의 손톱 같은 초승달은 볼 때마다 탄성이 나온다. 하루가 다르게 조금씩 살이 올라 반원이 되었다가 다시 완벽한 동그라미를 만드는 하늘의 질서 앞에서 나는 동심의 어린 아이처럼 편안하다. 그리고 군청색 밤하늘에 보석같이 박혀 느티나무 가지 사이로 빛나는 별들. 냉이 캐러 가는 마을 아이들을 따라가다 올 들어 처음 만난 노란 나비, 3밀리미터나 될까 작은 몸뚱이에 열 개도 넘는 동그라미가 찍힌 무당벌레.

지치고 힘이 들 때 곳곳에서 만나는 이 모든 것이 얼마나 큰 위로가 되었던가. 그것들에게 나는 과연 무엇이 되는지.

"너무 별을 쳐다보아 별들은 더럽혀지지 않았을까"라고 쓴 시인이 있다. 그 시의 끝은 이러했다.

"어지러움 황홀히 헹구어 비치는 이 찬란함마저 가질 수 없다면 나는 무엇으로 가난하랴."

그래, 이곳에는 이런 찬란함이 있어 가난해도 좋은 시간이 있다. 2003. 2

덩따궁 덩덩, 풍물에 빠졌다

올 겨울, 나는 생전 처음 배운 풍물에 푹 빠져버렸다. 이웃마을 부론에 터를 잡은 문화패 모두골이 풍물교실을 연 덕택이었다.

깨진 물병에 다친 오른손을 꿰매기 위해 수술대에 오르면서도 나는 의사 선생님께 장구를 칠 수 있겠느냐고 물었다. 갖은 묘수를 써도 붕대를 감은 오른손으로 채를 잡을 수 없었지만, 나는 풍물교실을 거르지 않았다. 성한 왼손으로 궁채를 잡고, 오른손은 채편 위에 올려놓은 채 입장단을 맞추었다. 덩덩 덩따따, 입장단만으로도 신명이 절로 났다.

정월 대보름은 남편이 14년 만에 설악산 토왕폭을 오르기로 한 날이었다. 부론에서는 그날 하루 종일 대보름 달맞이굿이 질펀하게 벌어질 것이었다. 바로 전날까지 지신밟기 연습에 참가한 나는 산행과 달맞이굿을 놓고 고민했다. 우리집 앞의 느티나무에게 지내는 마을 고목제에 빠져야 하는 것도 마음에 걸렸다. 대보름 전날 밤, 우리는 느티나무에 막걸리를 올리고 절을 드렸다. 산행 쪽으로 마음을 굳혔던 것이다.

덩따궁 가락은 그런데 설악산까지 나를 쫓아왔다. 새벽 한기에 얼어붙은 눈 때문에 착용한 아이젠이 드문드문 설치된 철 사다리 위에 부딪칠 때마다 덩따궁 덩따궁 소리를 냈다. 장갑 속의 내 손은 주인도 모르는 사이에 허벅지 위에서 장단을 맞추고 있었다.

짧은 기간이었지만 풍물을 배우면서 내 마음속에는 많은 생각이 오갔다. 풍물 가락이 울리면 몸이 저절로 들썩거려지는 것이 신기했다. 모내기부터 김매기, 수확까지 일일이 사람 손으로 했던 옛날, 흥이 많고 지혜로운 조상님들은 힘든 들일을 모두가 함께 하는 놀이로 만들어 즐기셨던 것이다. 흰옷 입은 사람들이 굿거리 장단에 맞추어 다랑이를 건너가고 골짜기를 넘어가는 장면이 눈에 선하게 떠오른다. 조금 지친다 싶으면 막걸리 한 잔 주욱 들이켜고 입가 한 번 쓰윽 훔치고는 다시 채를 잡고 삼채 휘모리로 넘어가겠지.

남녘 땅 어디엔가 풍물로 벼농사를 짓는 어른이 있다고 들었다. 농약 대신이라 했나 비료 대신이라 했나, 아무튼 벼가 잘 자란다 했다. 나무와 사람의 유전자가 90퍼센트도 넘게 같다는 말도 들었다. 가락을 듣기만 해도 그토록 신명이 나는 것을 생각하면 고개가 끄덕여진다.

그러면서, 한편으로는 아직도 어쩐지 남의 옷을 입은 것 같은 나를 돌아보기도 했다. 올해로 귀농 6년차, 나는 시골생활에 맞지 않는다는 생각이 들 때가 더러 있다. 사람들과 엉벙덤벙 어울리지도 못하고, 남에게 아쉬운 소리는 죽어도 하기 싫고, 여럿이 하는 것보다는 혼자서 하는 일이 백 배는 더 속이 편하니 말이다.

재작년과 작년, 논에 솟아오르는 잡초를 도저히 우리 둘만으로는 감당할 수 없어 마을 분들의 힘을 빌려 피사리를 했던 적이 있었다. 오랜 세월 동안 함께 일하는 것이 몸에 배어서 그런지, 고단한 피사리 중에도 그이들은 끝없이 이야기와 웃음을 이어나갔다. 그때는 "아, 저렇게 사는 거구나", 하는 생각이 들었으나 나는 곧 서울깍쟁이로 돌아와 있었다. 마음이 얼마나 열려야, 또 세월이 얼마나 흘러야 나는 진짜 농부가 될까. 2003. 2

무당벌레와 더불어 살기

냉이, 꽃다지, 생강나무, 산수유……. 봄을 알리는 것으로 흔히 꽃을 들지만, 우리집에는 다른 것이 하나 있다. 바로 무당벌레.

늦은 가을부터 베란다를 통해 집 안으로 들어와 우리와 함께 겨울을 나는 무당벌레가 어느 날 갑자기 눈에 띄지 않으면 봄이 온 것이다. 아주 드물게 아직도 거실 바닥을 기어다니는 무당벌레를 보면 반갑기도 하고 나처럼 굼뜬 녀석인 것 같아 안쓰럽기도 하다.

복숭아나무 가지치기로 들일을 시작한 남편에게 집안일 하나가 더 생긴 것도 무당벌레 덕분이다. 겨우내 집안에 갇혀 사느라 좀이 쑤시는 걸까, 아니면 바깥세상으로 나가기 전에 준비운동이라도 하는 걸까. 거실과 방 가리지 않고 벽이고 바닥이고 천장이고 사방을 기어다니는 녀석들을 남편은 보이는 대로 종이로 떠서 밖으로 내보낸다. 바깥 날씨도 포근해졌고, 어차피 녀석들이 살아야 할 곳은 그곳이니까.

시골생활 6년에 무당벌레와 얽힌 이야기가 제법 된다. 무당벌레와 함께 겨울을 나던 첫 해에는 녀석들 때문에 스트레스를 받기도 했다. 처음에는 신기하기만 했지만 온 집안을 돌아다니는 무당벌레는 사실 골칫거리이다. 특히 일할 때 걸리적거리는 녀석들을 집어서 베란다에 옮겨놓으려면 여간 성가신 것이 아니다. 워낙 작기도 하지만, 위험을 인지한 녀석들이 발을 꼭 오므리고 책이나 싱크대 위에 납작하게 죽은 듯이 엎드리면 웬만해선 손으로 집기 어렵다. 등딱지는 또 왜 그렇게 매끄러운지. 먹을 것이 모자라서인지 말라죽는 녀석을 보는 것도 편치 않다.

　더 심란한 것은 나도 모르는 사이에 살생을 하게 되는 경우이다. 기껏해야 5밀리미터나 될까, 납작한 반구형의 몸뚱이로 사방을 뿔뿔거리며 기어다니는 통에 더러 발밑에 밟히는 녀석들도 있기 때문이다. 어느 이른 봄날, 맨발로 무당벌레를 밟던 날은 여러 번 진저리를 쳐야 했다. 발밑으로 느껴지던 녀석의 저항과 무너짐, 그리고 녀석이 내게만 남겼을, 그 바스러지는 소리.

　무당벌레의 등딱지를 처음 만졌던 날도 잊지 않는다. 컴퓨터 앞에 앉아 있다가 차 한 잔이 생각나 물을 올려놓고 돌아오니 어디에서 기어왔는지 무당벌레 한 마리가 키보드의 이응 자 위에 앉아 있었다. 미끄러지듯 이응 자와 니은 자 사이의 골짜기까지 내려간 녀석이 자기를 바라보는 내 눈길을 느꼈는지, 더듬이와 다리를 등 밑에 야무지게 숨긴 채 죽은 듯이 꼼짝도 하지 않았다.

　빨간 바탕에 검은 동그라미가 점점이 찍힌 등딱지가 너무 앙증맞고 예뻐서 손을 댄 순간, 소름이 확 끼치면서 나도 모르게 손을 떼고 말았다. 귀엽게만 보이던 그 등딱지가 얼마나 단단하고 딱딱하던지. 그것은 단호한 거부였다. 그 후부터는 키보드 위로 무당벌레가 기어가면 허리를 편다는 핑계로 작업실을 나오고 만다. 차 한 잔 느릿느릿 마시고 다시 들어가면 녀석은 대개 어디론지 가고 없었다.

　책 위를 기어가는 녀석을 얇은 종이로 떠서 옮기려다 떨어뜨린 적도 있었다. 바닥에 떨어지면서 녀석의 몸뚱이가 그만 뒤집히고 말았다. 방바닥 위에 등을 대고 하염없이 맴을 도는 녀석을 보고 있자니 어찌나 안쓰럽고 미안하던지. 뽈뽈대며 기어다니는 줄만 알았던 무당벌레가 허공을 휙휙 날아다니는 모습을 처음 보았을 때는 또 얼마나 놀랐던가.

우리집에서 겨울을 나는 무당벌레는 몸길이가 5밀리미터쯤 되는 작은 것들이 대부분이다. 주황색, 갈색, 붉은 색이 많고, 더러 검은 것도 있다. 붉은 등에는 검은 점이 박혀 있고 검은 등에는 붉은 점이 박혀 있다. 내가 본 것 중에 점이 가장 적은 것은 두 개였고, 가장 많은 것은 열 개도 넘었다. 작년 어느 겨울밤, 어디에선가 탁 소리를 내며 책 위로 떨어진 무당벌레도 잊혀지지 않는다. 몸길이가 1센티미터는 되게 커다란 녀석이었는데, 등딱지가 검고 붉은 사각형 면으로 기하학적으로 나누어져 있어서 추상화를 보는 듯 했다. 후에 자료를 찾아보니 '남생이 무당벌레'라는 이름을 가진 녀석이었다.

긴 겨울을 꿋꿋이 버티던 무당벌레 중에는 그러나 봄을 기다리지 못하고 쓰러지는 녀석들도 많다. 다리와 더듬이를 숨긴 등딱지는 똑같건만, 소름이 끼치게 단호했던 거부의 몸짓은 사라지고 금방이라도 바스러질 듯 보이는 동그란 몸뚱이가 서러웠다.

얼마 전, 꽃망울이 부풀어 오르기 시작하는 벚나무 가지에서 무당벌레 한 마리를 보았다. 긴 겨울을 이겨내고 자유를 찾은 그 녀석을 나는 오래도록 올려다보았다. 2003. 3

아아, 진순

진순을 묻던 밤은 달도 별도 없었다. 늘 제자리에 두는 손전등을 찾을 수 없어 나는 양초에 불을 밝혀 들었다. 앞밭에 판 구덩이에 진순을 묻고 낮에 동물병원에서 가져온 통조림을 진순의 곁에 놓는 남편의 손이 부들부들 떨렸다.

1997년 겨울, 시골에 내려오자마자 남편은 친구네 집에서 강아지 한 마리를 데려왔다. 마침 그 집 진돗개가 새끼를 낳았다고 했다. 꼬물거리는 녀석들이 다섯 마린가 여섯 마리였다는데, 우리 식구가 될 인연이었는지 그 중에서 제일 작고 추레한 녀석이 남편의 바지 가랑이를 물더니만 놓지 않더라는 것이었다. 그 녀석이 바로 진순이었다.

진돗개치고는 몸집이 작고 한쪽 귀도 서지 않았지만, 진순은 영리하고 생각이 깊었다. 아침에 함께 산책을 나가면 가끔 논둑에 오도카니 앉아 먼 산을 하염없이 바라보곤 했는데, 그 모습이 어찌나 진지해 보였는지 우리는 녀석을 가끔 '어린 철학자'라고 부르기도 했다.

진순으로 시작된 새로운 식구들이 빠르게 늘어갔다. 진순이 온 이듬해, 남편이 아는 분이 늠름한 장군을 보내주셨고, 그 다음해에는 내 친구가 눈물을 뿌리며 잘생긴 개투를 데려왔다. 아파트에서는 더 이상 키울 수 없게 몸이 빠르게 커진다 했다. 진순을 연모하던 장군이 진순이 끝내 틈을 주지 않자 개투에게 눈을 돌려 꾀순을 낳았다.

올 봄 일이 있어 캐나다에 다녀오느라 열흘 넘게 집을 비운 것이 화근이었다. 떠나면서 녀석들 때문에 걱정이 컸다. 식탐이 많은 개투가 진순에게 심상치 않게 심술을 부리곤 했던 것이다. 우리는 칸을 막은 빈 사슴사에 개투와 꾀순 모녀, 진순과 장군 그렇게 조를 짜서 따로 넣고 길을 떠났다.

여행에서 돌아오는 길로 우리는 배낭을 마당에 부려놓은 채 사슴사로 달려갔다. 사슴사가 보이는 계단에 서서 바라보니 네 녀석 모두 보이기는 했는데, 뭔가 이상했다. 철창 가까이 다가간 우리를 보자 진순이 비틀거리며 다가왔는데, 나는 그만 심장이 멎는 것만 같았다. 온몸이 피투성이인 데다, 배에 뚫린 커다란 구멍에는 뼈가 드러나 있었다. 덩치 크고 힘 좋은 개투가 칸을 막은 철창을 우그러뜨리고 진순을 공격한 것이었다.

그 길로 달려간 충주 동물병원의 의사 선생님은 고개를 저었다. 상처가 워낙 깊고 여러 군데인 데다 시기도 놓쳤다 했다. 전에도 치명적이라던 장염에 걸린 꾀순을 살린 적이 있어, 우리는 진순을 포기하지 않기로 했다.

그날 진순은 일곱 시간 동안 치료를 받았다. 병원에는 일주일 전에 밴쿠버의 한 PC방에서 급하게 써서 보낸 내 글이 실린 한겨레신문도 있었다. 우연이었을까, 그 글에는 진순의 이야기도 한 토막 있었다.

"영리한 진순이 컹컹대면 영락없이 누군가가 키 낮은 대문 앞에 서 있게 마련이다."

밴쿠버의 PC방에서 그 원고를 썼을 때는 영리한 진순이 생각나 혼자 웃었는데, 충주의 동물병원에서 그 글을 읽으면서 나는 울었다.

진순의 의지는 놀라웠다. 긴 시간 치료를 받는 동안 끙 소리 한 번 내지 않았거니와, 붕대를 감을 때는 꼭 네 발로 서 있었다. 검사 수치만 놓고 보자면 진순은 사망 상태라 하신 선생님이 감탄사를 연발했다.

일주일 넘게 매일 통원 치료를 받은 진순이 뒤뜰에서 치료 후 처음으로 비틀대는 걸음으로 몇 발자국을 떼던 날, 우리는 박수를 쳤다. 진달래가 참 고운 날이었다.

진순이 차도를 보이자 우리는 밀린 농사일로 마음이 급해졌다. 복숭아나

무도 돌봐야 했고 못자리 준비도 해야 했다. 날마다 다니던 병원을 사흘에 한 번씩 두 번 다녀오고, 진순의 호흡이 거칠어지기 시작했다. 패혈증이라며 선생님은 다시 고개를 흔들었다.

진순이 가던 날 새벽, 나는 진순이 죽는 꿈을 꾸었다. 죽어가는 진순의 곁에서 강아지 두 마리가 말간 눈으로 나를 보고 있는 꿈이었다. 오후에 진순을

데리고 병원에 다녀오는 길에 나는 막걸리를 사왔다. 진순을 보내기는 해야 겠는데, 맨 정신으로는 아무래도 안 될 것 같았다.

그날 저녁, 빈 술병을 치우고 나는 거실 한켠에 누워 있는 진순에게 다가갔다. 그때까지 누워 있기만 하던 진순이 나를 향해 몸을 벌떡 일으켰다. 진순을 끌어안고 나는 화장실에 있는 남편을 찢어지는 소리로 불렀다. 아주 잠깐이었지만 진순이 맑은 눈으로 우리를 바라보았다.

진순이 사경을 헤매고 있는 사이, 우리집에는 병아리 일곱 마리가 태어났다. 앞산의 초록도 많이 짙어졌다. 2003. 5

사연도 많은 우리집 고구마

오랜만에 장호원 장에 다녀왔다. 모종도 사고 인근에서 제일 크다는 5일장도 구경하려는 속셈도 있었다. 이맘때 장에서 제일 큰 구경거리는 역시 모종이다. 한 뼘쯤 올라온 싱싱한 초록색 줄기와 이파리를 보는 것만으로도 벌써 사람들의 표정이 부드러워졌다. 무엇을 어디에 심으면 좋을까, 소곤소곤 의논하는 모녀가 정겨워 보였다. 모종은 대체 그 작은 몸 어디에 그토록 놀라운 힘을 감추고 있어서 사람들의 마음을 열어놓는 것일까.

이날, 우리는 미리 의논했던 대로 오이와 가지 그리고 토마토 모종을 샀다. 그리고 고구마 모 앞에서 조금 뜸을 들이다 한 다발을 집어 들었다. 지난 5년 동안 우리가 기른 작물마다 사연 없는 것이 없지만, 유독 고구마에는 얽힌 이야기가 많다.

첫 번째로 고구마를 심은 때가 시골에서 맞은 두 번째 봄이었다. 귀농교육에서 만나 남편이 형제같이 지내던 이가 빌려준 밭은 여러 해 묵혀 돌이 흙만큼 많고 경사까지 심해 소를 빌려 갈아야 했다. 1500평쯤 되는 그 밭에 우리는 토종 호박과 고구마를 심기로 하고 엄정에서 고구마 모를 구해왔다.

그리고 곧 내 생일날이 왔다. 아침 일찍 남편은 내게 읍내로 나가자고 했다. 아무런 설명 없이 그는 신발가게 안으로 썩 들어섰다.

"이 사람 발에 맞는 장화 하나하구, 제것은 작업화로 주세요."

색깔도 모양도 고를 것이 없이 한 가지뿐이어서 그저 발에 맞는 것만 고르면 되었다. 그래도 남편이 생일 선물로 사준 새 신을 신는 것이 즐거웠다. 우리는 그 길로 곧장 밭으로 올라갔다. 그리고 해가 떨어질 때까지 비탈밭에 엎드려 고구마 순을 심었다.

5월이라지만 한낮의 햇볕은 정신을 못 차리게 뜨겁고 허리는 미친 듯 쑤셔왔다. 끝이 뾰족한 막대기로 20센티미터 간격으로 파놓은 구멍에 한 사람이 물을 주면 한 사람은 재빨리 고구마 모를 심어야 하는데, 손이 빠른 남편의 속도를 따라가지 못해 나는 정말로 죽을 지경이었다.

잠시 쉬는 때면 흙이고 풀이고 가리지 않고 등을 대고 벌렁 누웠다. 잠깐 사이에 잠이 들어 내가 내는 코 고는 소리에 소스라치게 놀라 벌떡 일어나기도 했다. 해질 무렵, 고구마 모 2천 주가 그림같이 심겨진 밭 앞에서 나는 내가 대견해 빙그레 웃었다.

그러나 그렇게 심은 고구마를 우리는 캐지 못했다. 땅을 빌려준 이가 경운기 길을 내주지 않았던 것이다. 그해 가을, 돈도 안 되고 사람도 잃은 것이 서러워 고구마 잎이 무성한 비탈밭을 올려다보며 나는 울었다.

다음 해에는 순이네서 고구마 모를 나누어주었다. 지난해의 고구마 사건이 아직도 가슴에 남아 있어 심어만 놓고는 그다지 정성을 들이지 않았다. 그해 가을 시골에 내려온 조카네 식구들과 함께 고구마를 캐는데 토실토실한 고구마가 얼마나 많이 나오던지, 캐는 내내 고구마에게 미안한 마음이 들었다.

지난해 심은 고구마 모는 인구 어머니가 주신 것이었다. 앞밭에서 싱싱하게 잘 자라던 고구마가 이번에는 도시에서 온 젊은이들에게 수난을 당했다. 피사리를 돕기 위해 우리집에 온 기특한 젊은이들이 앞밭에서 낫질하는 연습을 한다며 잡초 대신 애꿎은 고구마 줄기를 댕강댕강 베어버렸던 것이다.

올해도 시작이 썩 좋지는 않다. 이틀 내리 비가 온다는 일기 예보를 믿고 일부러 때를 맞추어 심었건만, 다음날도 그 다음날도 비는 한 방울도 내리지 않았다. 오늘도 물뿌리개로 물을 주며 고구마의 건투를 빌어본다. 2003.5

산에서 맺은 인연

서울에서 태어나 40년 넘게 줄곧 그곳에서만 살았던 내게 산은 오랫동안 아주 멀기만 했다. 어렸을 적에 살던 곳에서는 어디를 둘러보아도 산이 보이지 않았다. 그 많은 형제 중에도 산에 취미를 가진 이가 없어 산과 가까워질 기회는 도통 오지 않았다.

　갈래머리 여학생 시절, 학년말 시험을 마치고 대한극장에서 영화 〈산〉을 보았다. 산이 내게로 다가온 것은 그때였다. 히말라야였을까, 눈 덮인 바위산이 화면 가득 나오던 순간 나는 그만 숨이 멈추는 것 같았다. 지금 생각해도 이상한 일이지만, 나는 그때 산을 처음 보았던 것이다. 산이 그렇게 있다는 것에 나는 전율했다. 그리고, 다만 산이 거기에 있기에 산을 오르는 사람들이 있다는 것에 나는 감동했다. 그 산처럼 확고한 주인공의 인간성도 눈물겨웠다. 그토록 순결한 눈이 한 순간에 엄청난 눈사태로 변하는 장면에서는 자연과 인간의 양면을 본 듯한, 작은 깨우침이 있었다. 영화관을 나오면서 나는 중얼거렸다.

　"나도 이제 가야 할 데가 생겼어."

　그리고 얼마 안 있어, 나는 드디어 진짜 산을 만났다. 같은 반 친구의 가족 산행에 초대받은 것이다. 학교 근처에 살고 있던 친구는 자기 집 앞 언덕길을 올라가는 나를 자주 보았다고 했다. 걷는 것이 무작정 좋았던 시절, 나는 학교가 파하면 기분 좋을 만큼 오르막길이 이어지는 북아현동과 신촌의 뒷길을 하염없이 걷곤 했다.

　그렇게 해서 내 생전 처음으로 오른 산은 북한산이었다. 바람이 매서운 겨울날이었다. 그날 내가 꼈던 장갑이 지금도 눈에 보이듯 또렷하다. 여러 해 입어 더 이상 입을 수 없게 작아진 스웨터를 풀어 어머니가 짜주신 자주색 벙어리장갑이었다. 덜렁대기 잘하는 막내가 혹시라도 잃어버릴까, 어머니는 기다란 줄을 떠서 장갑 두 짝을 연결해 놓으셨다. 그 벙어리장갑을 목에 걸고 나는 첫 산행에 나섰다.

평일이면 나비넥타이를 매고 학교에 출근하시던 친구 아버지는 산에서도 멋쟁이셨다. 꽤 오랜 시간이 흐른 후에야 나는 그 바지가 니커보커즈라는 것을 알게 되었다. 그 분은 내 벙어리장갑을 보시고는 산에서는 다섯 손가락이 있는 장갑을 끼는 것이라고 일러주셨다. 아닌게아니라 나무를 잡든 바위를 잡든 벙어리장갑을 낀 손은 둔하고 불편했다. 양손이 따로 놀아도 동작이 자유롭지 못할 판에, 목에 건 장갑 줄은 무척이나 걸리적거렸다. 나중에는 아예 장갑을 벗고 맨손 바람으로 올라갔다.

그러나 산행 내내 기대감과 설렘으로 가슴이 두근거렸던 기억은 지금도 새롭다. 영화에서 본 것과 같은 장엄함은 아니었지만, 처음 만난 미지의 세상은 낯설음 속에서도 아름다웠다. 그러나 내 생애 첫 산행에서 제일 기억에 남는 것은 친구가 내게 한 말이었다.

"분석아. 넌 산에 참 어울리는구나."

주문에라도 걸린 것 같이 나는 친구의 말을 철석같이 믿고 말았다. 그러나 그 말을 다시 증명할 수 있는 기회는 좀처럼 오지 않았다. 여학생 시절의 산행은 그것이 처음이자 마지막이었으니까.

시간이 흐르고 나는 대학생이 되었다. 학기 초, 어쩐지 썰렁하기만 했던 캠퍼스에서 '산악부'라고 쓰인 서클룸을 올려다보며 나는 내 마음속에 숨겨놓았던 것을 가만히 들쳐보았다. 산은 그곳에 그대로 있었다. 그러나 어쩐 일인지 나는 학교 산악부에 받아들여지지 않았다. 이후 가끔 산을 떠올릴 때마다 친구의 말은 사실이 아닐지도 모른다고 생각했다.

얼마 후 우리집은 우이동으로 이사를 갔다. 내 방 창문 앞에 서면 백운대가 한눈에 보이는 집이었다. 코앞에 백운대가 있는 그 집에서 10년이 넘게 살았지만, 왜 그랬을까, 놀이 삼아서라도 산에 오를 기회가 내게는 오지 않았다.

시간은 다시 흘렀고, 나는 직장인이 되었다. 사람들을 많이 만나야 하는 일에 쉽게 지치는 내게 직장 선배가 산행을 권했다. 동료들의 산행에 몇 번 따라갔지만, 산보다는 하산길에 마시는 막걸리가 더 좋았다.

고인 물 같은 날들이 이어지던 어느 날, 나는 우연히 사무실 앞의 요가교실에 들렀다. 그리고 홀린 듯 요가에 빠져들었다. 요가에 몰두하던 어느 가을 날, 산에 가야겠다는 생각이 들었다. 그렇게 해서 생전 처음으로 혼자 나선 대둔산 산행에서 나는 남편을 만났다.

일행이 없는 나는 버스 맨 앞에 앉았다. 옆자리에는 눈썹이 짙은 남자가 앉아 있었다. 그이는 산에 도착할 때까지 줄곧 이어폰을 꽂은 채 아무 말이 없었다. 나도 그 당시 한창 좋아하던 재즈를 들었다. 산은 조금 밋밋했으나, 바위 밑 낙엽 속에서 가부좌를 틀고 앉아 마주 본 산은 당당했다. 서울로 돌아오는 길에서도 두 사람은 여전히 말이 없이 각자의 음악을 들었다.

그 다음 산행은 설악산이었다. 새로운 한 해를 맞는 밤, 수렴동 계곡에서 나는 또 다시 생전 처음으로 야영을 했다. 하늘에서 별들이 금방이라도 쏟아져 내릴 것 같았다. 장엄한 광경이었다. 그 밤, 텐트 밖에서 별바라기를 하는 내 곁으로 들것을 든 사람들이 급하게 지나갔다. 들것 위로 발 하나가 삐죽이 나와 있었다.

위험은 내게도 왔다. 무리한 산행으로 산행 전에 다쳤던 무릎이 고장난 것이었다. 결국, 나는 눈썹 짙은 남자의 등에 업혀 눈 덮인 설악동을 내려왔다. 서울로 올라오는 버스 안에서 그이의 카세트테이프를 처음 보았다. 테이프가 늘어지도록 그이가 들었던 것은 '얄밉게 떠난 님'이었다.

그것이 인연이었는지 5개월 만에 우리는 부부가 되었고 휴일만 되면 산을 찾아 나섰다. 까까머리 학생 시절부터 산에 다녔다는 남편을 따라 바위에도 오르고 얼음에도 올랐지만, 나는 그저 며칠이고 산을 걷는 종주 산행이 제일 좋았다. 내게 있어 산행은 나를 들여다보는 일이었다.

6년 전, 우리는 서울 생활을 접고 아는 사람 하나 없는 시골에 터를 잡았다. 남편은 마음 내키면 아무 때라도 산에 갈 수 있게 되었다고 좋아했다. 그러나 지난 6년 동안 우리가 산에 오른 것은 열 번이 채 못 되었다. 시골생활이 생각보다 많이 팍팍했던 것이다.

시골에 내려와 세 번째 되던 해였던가, 막내 오라버니의 초대로 여름의 이틀을 설악산에서 보내게 되었다. 차가 강원도에 가까워지면서부터 가슴이 두근거리기 시작하더니 한계령을 넘을 때는 기어이 눈물이 흘렀다. 그리운 산이 거기에 있었던 것이다.

이곳에서는 어느 쪽으로 고개를 돌려도 산이 있다. 나를 둘러싸고 있는 나지막한 산들은 이제 더 이상 오름의 대상이 아니다. 산은 내게 일터이며 삶의 터전이 되었다. 산골짜기에 있는 다랑이 논과 복숭아밭으로 이어지는 조붓한 산길에서 나는 무수한 스승을 만났다. 풀, 들꽃, 나무, 하늘, 비, 그리고 작은 생명들. 그것들은 내 눈과 귀, 그리고 마음을 열어주었다. 싹이 나는 소리와 꽃잎이 열리는 소리가 들리는 듯했고 풀잎에 매달린 작은 생명도 당당

하고 아름다운 본연의 모습으로 보였다. 갈라진 논에 떨어지는 빗소리에 감사했고, 눈물을 흘리며 밭을 가는 소에게서 인고와 관조를 배우는 마음이 되었다.

오른다는 생각을 버려서일까, 이제야 산이 조금씩 보이는 것 같다. 때로 산은 내게 말을 걸기도 한다. 산골짜기 다랑이 논에서 잠시 일을 멈추고 논둑에 앉아 시시각각으로 변하는 산을 보고 있노라면, 그리고 그때 바람이라도 한 줄기 지나가면, 내가 산의 품에 안겨 있음을 절절하게 느낀다. 옛 어르신들이 어째서 산에 오른다 하지 않고 산에 든다고 하셨는지 어렴풋이 알 것도 같다. 이제 산은 내게, 예이츠의 말을 빌리자면 "풀어야 할 숙제가 아니라 살아가야 할 신비"인 것이다. 2003.7

어떤 그리움 — 히말라야 1

산을 모르던 시절부터 히말라야는 내게 그리움이었다. 문득문득 떠오르면 가슴이 싸해지는, 정체 모를 그리움. 텔레비전 프로그램에서 오체투지로 그 산을 오르는 티벳 승려를 본 후 그리움은 더욱 짙어졌다.

인연이었는지, 산에 다니는 남편을 만났고, 우리는 여러 번 히말라야 산행을 계획했다. 그렇지만 히말라야 산행은 출발을 앞두고 번번이 무산되었다. 긴 훈련을 마치고 비행기표까지 손에 쥐었는데 시어머님이 갑자기 중환자실로 실려 가신 적도 있었다. 그럴 때마다 나는 아직 인연이 아닌가 보다, 하고 마음을 달래곤 했다.

시골에 내려온 해, 우리는 다시 네팔 행 비행기표를 예약했다. 출발 며칠 전, 이번에는 경제 환란으로 달러 환율이 치솟는 바람에 경비가 두 배도 넘게 뛰어올랐다. 남편은 허탈한 표정으로 고개를 저었다.

농사를 지으면서부터 히말라야는 점점 더 멀어져갔다. 농사도 힘들었고 밥벌이도 어려웠던 것이다. 나이 오십, 이제 히말라야의 꿈을 접어야겠다고 마음을 다지던 때, 남편이 느닷없이 히말라야 이야기를 꺼냈다. 무조건 가자는 거였다.

복숭아 봉지를 씌우던 날, 우리를 돕기 위해 서울에서 내려온 친지들에게 남편이 큰소리로 말했다.

"올해는 무슨 일이 있어도 히말라야 갈 겁니다."

남편의 오랜 꿈을 알고 있던 그이들은 다른 해보다 더욱 정성 들여 봉지를 씌웠다. 그러나 첫 복숭아는 예상치 못한 병으로 수확을 포기해야 했다. 복숭아 농사가 망가졌다는 소식을 듣고 전화를 주신 선배 한 분이 위로 끝에 그러셨다.

"아, 히말라야는 어떡하지?"

"그러게요, 아무래도 인연이 아닌가 봐요."

복숭아 따는 내내 히말라야 이야기를 꺼내지 않던 남편이 마지막 복숭아를 따던 날 저녁상에서 소주 한 병을 비우고는 말했다.

"우리, 히말라야 가자!"

물기가 묻어 있는 듯한 그 목소리에 나도 모르게 고개를 끄덕였다. 그래,

때로 인연은 만들기도 하는 법.

그렇게 가기로 작정했지만 가을 추수와 추수 갈무리에 정신이 없어 집 떠나기 겨우 며칠 전에야 준비물을 챙기기 시작했다. 준비물 목록을 훑어보는데 피식 웃음이 나왔다. '근세 씨 등산화'라는 대목에서였다. 빡빡머리 고등학생 때부터 산에 다녔다는 사람이 그렇게 벼르던 히말라야에 가는데, 마땅한 등산화가 없다니. 그리고 보니, 지난 7년 동안 산에 오른 기억이 열 손가락으로 꼽을 정도였다. 시골생활이 그리 팍팍했던 것이다.

길 떠나기 전날, 밤늦도록 짐을 싸느라 종종걸음을 친 끝에 작은 언덕만한 카고 백 둘을 앞에 놓고 술 한 잔을 마셨다.

"정말 가나 보네."

한숨 같이 새어나온 남편의 말에 읍내 대로를 가로질러 걸려 있는 현수막 하나가 떠올랐다.

축 김 아무개의 아들 ○○
우주항공 박사학위 취득

오, 이 작은 시골 마을에서 우주항공이라니! 낮은 산들로 둘러싸인 작은 마을에서 별빛 쏟아지는 밤하늘을 고개가 아프게 올려다보는 소년 하나가 그려졌다. 감동이 밀려왔다. 소년이 밤마다 바라보던 별들이 내게는 히말라야였을까.

또 하나 생각나는 것이 있었다. 경비행기를 시험 비행하던 두 사람의 추락 사고에 대한 뉴스였다. 항공대학의 교수로 그이들은 절친한 친구 사이라 했다. 마지막 순간, 그이들은 뜨거운 포옹을 했을 것이다. 그 뉴스를 보고 쌩떽쥐베리의 《야간비행》을 꺼내 책상 위에 놓았었다. 옆에 두고 있었을 뿐, 읽지 못한 그 책을 배낭에 넣었다.

방콕을 거쳐 카트만두로 가는 비행기 속에서 나는 꿈도 없는 깊은 잠에 빠졌다. 드디어 카트만두, 방이 정해지는 동안 잠시 호텔 로비에 앉아 있는데, 느닷없이 눈에 눈물이 고였다.

"왔네……."

쿰부 히말라야 트레킹 첫날. 팍딩의 작은 롯지에서 맞은 히말라야에서의 첫 밤, 나는 잠을 이룰 수가 없었다. 옆 침대에서 자는 남편이 깰세라 침낭 속에서 헤드렌턴을 밝히고 쓴 일기에는 이렇게 적혀 있었다.

2004년 11월 24일 02:20 팍딩
루클라 골목길.
어느 집이나 한결같이 드리워진, 시작도 끝도 없는 영원의 매듭이 그려진 장막 앞에서 검게 그을린 뺨은 터지고 코에는 한 줄기 콧물이 길게 늘어진 아이 하나와 눈이 딱 마주쳤다.
어떤 인연으로 우리는 그 순간 그렇게 서로를 보았을까? 그 시간, 꼭 그 자리에 있어 나를 보았던 아이. 아이를 떠올리는 지금, 전율이 인다. 이 전율은 무엇일까? 받아들임, 고마움, 감동. 2005. 1

모두 다 사랑하리 — 히말라야 2

2004년 12월 6일 팡보체 롯지

꼭 한 발을 옮기는 것뿐인데, 천근, 만근을 들어올리는 것 같다. 내 귀에 들리는 내 숨소리가 천둥소리처럼 크고 거칠다. 5천미터가 넘는 이곳에서는 모든 것이 슬로 비디오로 돌아가는 영화 장면 같다. 다시 멈추어 서서 긴 숨을 내쉬는 순간, 'NN'이라 선명하게 찍힌 발자국이 또 나타났다.

근세 씨가 히말라야에서 제일 아름다운 봉우리라는 아마다블람을 등반하는 동안, 홀로 칼라파타르 트레킹에 나선 길, 딩보체를 지나면서 처음 이 발자국을 만났다. 먼지같이 고운 흙 위에 선명한 낙인처럼 찍힌 그 글자를 처음 보았을 때는 별다른 느낌이 일지 않았다. 그렇지만, 두클라를 지나 로부체, 고락셉, 칼라파타르로 이어지는 오르막길에서 아, 힘들구나, 싶을 때면 여지없이 나타나는 그 발자국은 더 이상 단순한 발자국이 아니었다. 나보다 앞서 그 길을 갔을 무수한 사람들의 땀과 눈물이었다. 게다가, NN! No Name이라니!

칼라파타르에서 다시 피레체로 내려오는 길. 두클라에서부터 잠시 안 보이던 NN 발자국을 다시 만난 순간, 나도 모르게 눈물이 흘렀다. 그렇게 한번 터진 눈물은 그칠 줄을 몰랐다. 칼바람이 들어오는 롯지의 침낭 속에서 헤드렌턴을 켜고 읽었던 쌩떽쥐베리의 그 대목.

"소나기와 안개와 구름이 이따금 자네를 난처하게 만들걸세. 그러면 자네보다 먼저 그것을 겪은 모든 사람들을 생각하게. 그리고 이렇게만 생각하게.

다른 사람들이 이겨낸 것은 나도 어찌하든 이겨낼 수 있다는 것을."
NN 발자국은 내가 힘들 때면 어김없이 나타나 내게 영감과 힘을 주었다. 내게 그랬던 것처럼 누군가에게도 힘이 되겠기에, 나는 그 발자국을 밟지 않으려고 애를 썼다. 마라톤을 뛰면서 머리가 환해지던 순간이 떠올랐다. 나보다 먼저 반환점을 돌아 달리는 사람들을 마주 보고 달리노라면 부러움과 절망을 넘어 어느 순간 머리와 가슴이 환해진다.

'그래, 자신의 길을 저렇게 열심히 가고 있는 것만으로도 저이는 내게 힘을 주는구나. 꼭 함께 가지 않더라도 각자가 열심히 자기의 길을 가노라면, 그러다가 이렇게 잠시 스쳐가는 것만으로도 우리는 서로에게 힘을 줄 수 있겠구나.'

딩보체에서 시작하여 로부체, 고락셉, 칼라파타르를 거쳐 다시 팡보체에 이르기까지의 닷새 동안 그 발자국은 내게 지표이며, 스승이었다. 살아가며 만나지는 무수한 익명의 선배와 스승.

근세 씨가 있는 아마다블람 베이스캠프로 향하는 팡보체의 갈림길, 먼지가 피어오르는 흙길에 선명하게 찍힌 그 발자국을 향해 나는 조용히 합장했다. 얼굴도 이름도 모르는 내 선배이자 스승을 향해 고개를 숙인 내 볼을 타고 눈물 한 줄기가 흘러내렸다.

홀로 길을 걸었던 지난 닷새 동안 내가 길 위에서 본 것은 산이 아니었다. 보이는 곳마다 우뚝우뚝 솟아 있는 산에 비하면 개미보다 더 작은 사람들의 노력이었다. 그들의 꼬물거림, 눈물, 땀. 그 작고 여린, 그러나 그칠 줄 모르는 꼬물거림이 산보다 하늘보다 태양보다 감동적이었다. 다, 모두 다 사랑하리……

바로 그날 오후 한 시, 남편은 아마다블람 정상에 섰다. 다음날 아마다블람 베이스캠프에서 만난 남편은 살이 많이 빠져 아이 같은 모습이었다. 어깨가 반으로 준 채 눈가에 주름이 늘어난 남편을 보고 쌩떽쥐베리의 글을 다시 떠올렸다.

"어찌하든 이겨낼 수 있다는 것을……." 2005. 1

나마스떼 — 히말라야 3

한 달여의 히말라야 일정을 무사히 마치고 집에 돌아왔다. 우리를 보자 펄펄 뛰며 좋아하는 장군과 개투, 꾀순이와 영광이를 앞세우고 집 앞의 논둑을 걸었다. 보일러에 연탄을 넣고 불이 붙기를 기다리는 동안, 읍내 중국집에서 자장면을 먹고 왔다. 땅속에 고이 묻어놓은 김장독에서 꺼낸 김치 한 사발로 막걸리 한 병을 비웠다. 평화롭고 행복하다.

오랫동안 비운 집은 써늘했지만 마음은 그지없이 따뜻했다. 히말라야의 품속에서 지낸 시간들이 파노라마같이 스쳐갔다.

내가 다녀온 쿰부 지역은 물이 귀했다. 아침에 세숫물을 얻기 위해 롯지의 주방문을 두드리면, 우리네 냉면기만한 그릇에 물을 담아주었다. 그 물로 얼굴도 씻고 발도 씻으려니, 비눗기도 싹 가시지 않고 머리카락에는 비누거품이 남곤 했다. 처음에는 산에서 내려가면 욕조 한 가득 물을 받아놓고 세수하리라는 생각이 들더니, 며칠이 지나자 그동안 내가 얼마나 생각 없이 '그야말로 물 쓰듯' 펑펑 물을 썼는지 돌아보게 되었다.

짐도 마찬가지였다. 20일 넘게 산속에서 살아야 하니 짐이 만만치 않았다. 그러나 무거운 배낭을 지고 여러 날 산길을 걸을 생각을 하면 막막했다. 짐꾼에게 짐을 맡긴다 해도, 내 대신 무거운 짐을 지고 가는 짐꾼을 보는 것 또한 편하지 않을 것 같았다. 길 떠나기 전에 짐을 꾸리면서 그것이 꼭 필요한 것인지 여러 번 생각했지만 집에 돌아와 짐을 풀고 보니 산에서 단 한 번도 사용하지 않은 것들이 나왔다.

히말라야 산속에서 며칠을 지내고 나면 누구나 유목민이 된다. 물 한 컵과 밥 한 그릇, 빵 한 쪽에 만족하고, 등을 대고 누울 수 있는 한 뼘의 땅에 고마워하며 언제든지 일어서서 떠날 수 있도록 최소한의 짐을 꾸리게 된다. 산길에서 무언가를 많이 가진다는 것은 곧 고단함이다.

산길을 걷는 것은 그리하여 비움으로 이어진다. 그렇게 비워진 마음에 자연이 들어서고, 내 몸과 마음을 온전히 자연에 맡기게 된다. 추우면 추위에 떨고, 더우면 땀을 흘리고, 그렇게 모든 것이 물 흐르듯 자연스러워진다. 끝없이 이어지는 설산 위로 떠오르는 해, 어깨까지 내려오는 별들을 보면 나도 모르게 예배하는 마음이 된다. 그리고 내게 이같이 신성한 날을 허락하신 누군가를 향해 두 손을 모으고 고개를 숙이게 된다.

네팔에서 맞은 첫날, 카트만두 시내구경에 나섰다가 어떤 거리에 들어서게 되었다. 오토바이와 자동차, 릭샤, 자전거, 걸을 때마다 어깨를 부딪쳐야 하는 수많은 사람들, 그들이 내는 소리로 뒤엉킨 그 거리에서 나는 온전히 다른 세상과 대면하는 어지럼증을 느꼈다. 그곳이 바로 그 유명한 아싼 시장이었다. 복작거리는 것으로만 말하자면 남대문 시장과 동대문 시장도 그렇지만, 그곳은 우리 시장과는 전혀 다른 느낌을 주었다.

 우리네 시장과 그곳을 확연하게 구별하는 것은 일상화된 신앙이었다. 시장 곳곳에 크고 작은 힌두교와 불교 사원이 서있었다. 그 사원들 곳곳에 붉은 꽃을 짓이긴 듯한 붉은 점들이 찍혀 있었다. 붉은 점은 사원에만 찍혀 있는 것이 아니었다. 물건을 파는 아주머니의 이마에도, 물건을 사는 할아버지의 이마에도 붉은 점이 찍혀 있었다. 그곳에서는 신과 사람, 그리고 삶이 그대로 하나였다.

 사원을 향해 합장하는 사람들을 바라보고 있는 내게 한 소년이 다가와 말했다.

 "나마스떼!"

 한 손에는 수놓은 주머니를 들고 다른 한 손에는 낡은 가방을 든 소년이 두 손을 가슴에 모으고 서 있었다. 어렵사리 합장하고 있는 소년을 향해 나도 두 손을 모았다. 네팔에서 처음 내게 말을 건 소년의 눈이 별처럼 반짝였다.

 "나마스떼!"

 집 떠나기 전, 수도 없이 혼자서 뇌었던 말을 소년에게 건네는데, 가슴이 두근거렸다.

 '나마스떼'는 인도와 네팔의 인사말로, '내 안의 신이 그대 안의 신에게 인사를 올린다'는 뜻이라고 한다. 진즉부터 그 말과 뜻을 알고는 있었지만 별처럼 반짝이는 눈을 가진 소년에게 그 말을 건네려니 가슴이 뜨거워지는 듯했다. 이렇게 아름다운 인사말이 또 있을까. 그대에게도 신성이 있고 내게도 신성이 있어, 내 안의 신이 그대 안의 신을 경배하다니. 가슴 앞에서 두 손을 모으는 것도 아름답다. 내 마음과 영혼이 상대방의 마음과 영혼을 느끼는 것이다.

네팔에서 내게 처음 인사를 건넨 소년을 나는 영원히 잊을 수 없을 것이다. 자신의 인사 한 마디가 내게 얼마나 깊은 울림을 주었는지, 소년은 아마도 모를 것이다. 2005.1

소통기 단상

어제 우리는 소통기를 샀다. 소통기는 변기 막힌 것을 뚫는 도구이다. 비닐 커버에 커다랗게 쓰인 '소통기'라는 글씨를 보는 순간, 잠시 가슴이 먹먹했다. 사람과 사람, 마음과 마음 사이에 막힌 것을 뚫을 수 있는 소통기도 있으면 참 좋으련만.

이번 연말연시 우리집은 많은 사람들로 북적거렸다. 가까운 곳에 빙벽 등반을 할 수 있는 폭포와 빙장이 많은 덕분에 우리집이 베이스캠프가 된 거였다. 시골에서 일곱 번째 맞는 새해의 감상을 묻는 후배와 통화를 하면서 그 수를 대충 세어보니 70명쯤 되었다. 일주일 동안 우리집을 다녀가거나 우리집에서 묵고 간 사람들의 수가 그랬다. 연인원 70명!

그 통에 된통 몸살이 난 것이 바로 변기였다. 과부하를 견디다 못한 변기가 그만 막혀버린 것이었다. 마지막 방문객으로 기록된 조카 가족은 계획을 앞당겨 일찍 올라가고 말았다. 말로는 마무리해야 할 일이 있다고 했지만, 점잖은 도시 사람들 체면에 야전 방뇨가 괴로웠던 모양이다.

그리하여 새해 벽두부터 우리는 변기와 씨름을 하게 되었다. 그쪽에 일가견이 있다는 친지들의 추천에 따라 트레펑이란 액체약도 쏟아붓고, 술 한 잔 들이킨 남편이 "뚫어 뻥"이라고 빡빡 우기던 플라스틱 자루가 달린 압착기도 썼지만, 별 도움이 되지 않았다. 누군가에게서 자루가 나무로 된 압착기가 성능이 확실하다고 하여 부론까지 건너갔으나, 우리가 찾는 것은 없었다.

난감해 하는 우리에게 철물점 주인이 최신제품이라며 내놓은 것이 바로 소통기였다. 소통기는 고무 튜브와 반짝거리는 스테인리스 스프링으로 되어 있어 생긴 것부터 아주 새로워 보였다.

그런데 그 소통기를 보며 나는 어렸을 적에 가지고 놀던 종이 원통 전화기를 떠올렸다. 소통기라는 이름 때문이었나 보다. 아니면 똘똘 말린 전화기 선처럼 생긴 스테인리스 스프링 때문이었는지도 모르겠다. 아무튼 마분지와 실로 만든 그 원통 전화기가 기억났던 것이다.

기억 속의 나는 마루 끝에 앉아 원통 하나를 쥐고 있었고, 막내 오빠는 다른 원통에 달린 실을 살살 풀어가며 마당을 걸어가고 있었다. 마당 저쪽에서 오빠가 걸음을 멈추자 나는 원통 전화기에 대고 일부러 작은 소리로 속삭였다.

"들려?"

원통을 귀에 댄 오빠의 얼굴이 환해지는 듯싶었다. 이번에는 오빠가 원통 전화기를 입에 대고 말했다.

"응. 아주 잘 들려."

부잣집에나 청색 전화니, 백색 전화니 하는 것이 있었던 시절, 종이로 만든 원통 전화기로 소통하는 것은 경이로웠다.

그러나 우리집 변기는 그 신제품 소통기로도 뚫리지 않았다. 막힌 원인이 다른 데 있었던 것이다. 분뇨회사 트럭이 와서 정화조에 호스를 들이대자 변기는 거짓말같이 뚫렸다.

"아하, 소통기가 있다고 다 뚫리는 것이 아니구나. 막힌 원인을 찾는 것이 더 중요하구나."

반짝이는, 그러나 아무 소용없는 소통기를 바라보고 있노라니 얼마 전에 읽은 인터넷의 소통장애에 대한 글이 생각났다. "아주 작은 오해들이 때로 삶을 망가뜨리는 쐐기가 되기도 한다"로 시작되는 글이었다. "모파상의 〈목걸이〉에 나오는 여주인공이 목걸이를 잃어버렸노라고 한 번만 말했더라면! 아마도 위대하거나 재미있는 문학은 탄생하지 못했겠지만 대신에 세상에는 행복한 사람들이 늘어났을 것이다."

오늘 아침, 나는 우리 인터넷사이트의 게시판을 바꾸어 달았다. 전의 게시판은 운영자만 일방적으로 글을 올릴 수 있었다. 새 게시판은 누구에게나 글쓰기가 허용된다. 새 게시판에 내가 올린 첫 글을 나는 이렇게 끝맺었다.

"이 판을 통해 작지만 의미 있는 소통이 이루어지면 좋겠습니다."

2004년은 이렇게 냄새나는 변기와 함께 시작되었다. 그러나 막힌 것을 뚫는 것보다 시원한 일이 또 어디 있을까. 새해는 부디 막힌 것들이 모두 뚫리는 해가 되기를……." 2004. 1

도시 아이들의 시골 체험

며칠 전, 충주 시내의 어린이들이 간장골에 있는 우리 논과 과수원을 다녀갔다. 여름 생명 캠프의 유기농 체험을 위한 것이었다. 충주만 해도 들꽃이며 곤충들을 어렵지 않게 만날 수 있을 텐데, 아이들은 간장골에 오르는 내내 길 옆에 흐드러지게 핀 개망초꽃과 애기똥풀, 그리고 달맞이꽃에 앉아 있는 풍뎅이를 보고 감탄사를 연발했다. 작은 개울물이 나타나자 아이들은 너도나도 신발을 벗고 작고 귀여운 발을 씻으며 좋아라 했다.

간장골에는 다섯 집의 논이 있다. 나는 아이들에게 각 논의 벼를 잘 살펴보도록 했다. 다랑이 많은 우리 논에 도착하자 아이들은 우리 벼와 다른 벼의 차이점을 단박에 알아차렸다.

"여긴 우렁이가 있어요."

"다른 벼보다 키가 작아요."

"색깔도 덜 파래요."

그러는데 한 어린이가 손을 들었다.

"그렇지만, 나중에는 더 건강해질 거예요."

아이의 말이 내게는 주문처럼 들렸다.

"그래, 지금은 저렇게 연약하지만 너희가 이번 가을에 방문할 때쯤이면 다른 집 벼와 똑같이, 아니 그보다 더 튼튼해질 거야."

아이들은 그룹별로 논둑에 앉아 벼와 우렁이를 자세히 살펴보고, 자신이 본 것을 고사리 같은 손으로 그렸다. 물에서 헤엄치던 장구애비를 용케 잡고는 신기해 하는 아이들도 있었고, 잠자리를 잡으려고 뛰어다니는 아이들도 있었다. 나는 그림 그리기가 끝난 아이들을 물이 너무 깊지 않은 논 가장자리로 데려갔다.

거머리를 무서워하는 아이들은 미리 준비해 온 엄마의 스타킹을 신고 조심스럽게 논에 들어섰다. 아이들은 예상치 못했던 부드러운 흙의 감촉에 흠칫 놀란 표정이 되었다. 흙에 자신의 발과 다리를 온통 맡긴 아이들의 얼굴에 미소가 피어올랐다.

"흙이 너무 말랑말랑해요."

"그래, 참 부드럽지. 흙은 모든 것을 감싸 안는단다."

아이들은 오랫동안 흙에 발을 맡기고 서 있었다. 아이들의 마음속에는 부드러운 흙의 감촉이 각인되었을 것이다.

도시 아이들이 우리집에 오면 나는 아이들에게 도시에서 볼 수 없는 것을 보여주려고 노력한다. 오자마자 텔레비전이나 컴퓨터를 켜는 아이들도 있지만, 창 밖의 풍경을 슬쩍 가리키면 아이들은 곧 밖으로 나가 강아지들과 뒹굴고 논둑을 달리고 개울에 발을 빠뜨리면서도 함박웃음을 웃는다. 그때쯤이면 아이들은 시키지 않아도 뒷마당으로 가서 배추에 물을 주고 사슴에게 풀을 먹이고 닭에게 모이도 준다.

지난 겨울 우리집에 놀러 왔던 아이들도 그랬다. 배추에 물을 주려고 밖으로 나가니 마당에서 강아지들과 놀던 아이들이 내 뒤를 우르르 쫓아왔다. 아이들의 모습이 어미 닭을 종종대며 따라다니는 병아리들 같아 나는 우선 닭장으로 발길을 옮겼다. 아이들은 닭장 주위에 빙 둘러섰다.

"들어와 봐. 여기 달걀도 있어."

호기심 많은 아이 하나가 얼른 닭장으로 들어서자, 앞쪽에 있던 암탉 한 마리가 뜻밖의 인물에 놀랐던지 후다닥 날아 횃대에 올라앉았다. 닭보다 더 놀란 아이가 소리쳤다.

"닭이 날아요! 닭이 훨훨 날아요!"

닭집 망에 바싹 붙어 섰던 아이들도 눈이 휘둥그레졌다. 아이들은 시골에서 새처럼 훨훨 나는 닭을 보았다고 도시의 친구들에게 자랑하겠지. 닭장에서 꺼내온 달걀을 돌아가며 만져보는 아이들의 손길이 그지없이 조심스러웠다.

어릴 때나 어른이 되어서나 내 기억 속에는 시골이 없다. 서울에서 태어나 그곳에서만 40년을 넘게 살았으니까. 내 기억 속에 시골의 풍경이 없는 것이 나는 서운하다.

며칠 전, 맨발로 우리 논에 들어섰던 아이도 언젠가는 어른이 되겠지. 어른이 된 어느 날, 도시의 빌딩 숲을 정신없이 걷다가 문득 어린 날 빨간색 반바지를 입고 산골짜기 논에 들어섰던 기억을 떠올릴 수도 있겠지. 자신의 발을 감싸안던, 그 놀랍도록 부드러운 논흙의 감촉이 떠오르면 잠시나마 미소를 지을 수도 있으리라. 저 어린 날에 그랬던 것처럼.

도시 사람들에게 푸르름과 생명의 기억을 주는 것만으로도 농촌은 반드시 살아나야 한다는 생각이 드는 때가 가끔 있다. 그것 또한 도시와 농촌이 함께 가는 길이리라. 2003. 7

파란 눈의 일꾼들

유기농을 하려면 아무래도 품이 많이 들게 마련이다. 농약을 안 치려니 벌레도 일일이 손으로 잡아야 하고, 제초제를 안 쓰려면 풀도 손으로 뽑거나 낫이나 예초기로 베어야 한다.

농부의 생활이 팍팍한 것은 세계 어디나 마찬가지인가 보다. 영국의 한 유기농 농가가 외국인 여행자들에게서 품값 대신 숙식을 제공하고 일손을 구했다 한다. 여기에서 시작된 프로그램이 우프(WWOOF, Willing Workers On Organic Farms)이다. 우프는 '유기농 농장에서 자발적으로 일하는 사람들'이라는 뜻이며, 우프를 찾는 낱낱의 여행자는 '우퍼'라고 한다. 농가는 일손을 덜고 우퍼는 경비를 절약하고 무엇보다 농가 가족과 함께 하는 생활과 노동 속에서 그 나라의 문화를 생생하게 체험할 수 있다.

시골에 내려오기 전, 우리도 이국의 농장에서 일도 하고 문화체험도 할 계획이었다. 이런 저런 이유로 그 계획을 실행하지 못했지만, 대신 우리가 우퍼를 맞이하기로 했다. 3년째 우리 농원을 찾아오는 우퍼들의 공통점은 삶에 대한 태도가 긍정적이고 자연을 사랑한다는 것이다.

올해 우리 농장을 찾아온 파란 눈의 우퍼들은 뜻밖에도 부부였다. 아리는 뉴질랜드 출신의 목수이고 우테는 독일 여성인데, 4년 전에 중국에서 만났다고 했다. 그후 두 사람은 세상의 여러 곳을 돌아다니며 많은 사람들을 사귀고 다양한 문화를 접하고 있다 했다. 몸과 마음으로 익힌 체험의 폭이 넓어서일까, 세상을 보는 그이들의 시각은 많이 열려 있었다. 그이들은 아직 젊고 감수성이 왕성할 때 세상과 사람을 느끼고 싶다고 했다. 그리고 나서 작은 농장을 가꾸고 싶다고 했다. 지금의 만행은 앞으로 만족하는 삶을 살기 위한 것이라고 우테는 내게 말했다. 세상 곳곳에서 다양한, 그러나 각자 꼭 하나뿐인 사람들을 만나면서 그이는 문득문득 작은 깨달음을 얻겠지.

일꾼으로서의 아리와 우테는 운이 좋은 편이었다. 우렁이 농군이 우리 논의 잡초를 말끔하게 먹어치워, 땡볕이 내리쬐는 논에 엎드려 잡초 뽑을 일은 없었으니 말이다. 두 사람은 도착하는 길로 김치찌개뿐인 늦은 점심을 먹고 과수원에 올라가 마지막 남은 여름 복숭아를 땄다. 긴장한 때문인지, 그리 더운 날이 아니었는데도 아리는 땀을 뻘뻘 흘렸다. 원두막에 앉아 우리의 복숭아 재배법을 들려준 뒤 맛을 보라고 권하자, 우테는 벌레가 먼저 맛을 본 복숭아를 두 손으로 감싸 안고 껍질째 먹었다.

우퍼들은 대체로 대안적인 삶에 각별한 관심이 있는 친구들이다. 재작년 여름에 우리집을 찾은 스튜는 영국 총각이었다. 12년 동안 80개가 넘는 나라를 돌아다녔다는 그이는 심지가 깊은 젊은이였다. 대도시에서 영어를 가르치면 돈도 벌고 여행도 편하게 할 수 있겠지만, 스튜는 그런 식으로는 우리나라를 제대로 느낄 수 없을 것이라 했다.

전 세계의 유기농장에서 일했던 경험을 토대로 스튜는 우리에게 실질적인 경험과 지식을 많이 나누어주었다. 그이를 통해 나는 요즘 우리나라에서 화제가 되고 있는 퍼머컬쳐에 대해서 처음 들었고, 영국 가정에서는 거의 너나없이 퇴비를 만든다는 것도 알았다. 유기농산물과 소비자에 대해서도 많은

이야기를 나누었다.

피사리가 생전 처음이라던 스튜가 어느 하루는 땡볕이 내리쬐는 논에 엎드려 오후 내내 잡초를 뽑았다. 피사리를 마치고 스튜가 지나가는 이야기처럼 들려준 이야기가 있었다. 그이가 뉴질랜드 농장에 있었을 때인데, 마침 한국 젊은이 하나가 그 농장을 찾아왔단다. 그런데 그 친구는 일이 어렵다며 이

틀째 되는 날에 떠나갔다 했다. 우리의 젊은이들이 밖에 나가서 어떤 자세로 그들의 삶을 이해하고 느낄지, 가끔 생각하게 된다.

지난해 우리 농장을 다녀간 마이크는 홍콩 아저씨였다. 나이 마흔 살이 넘은 교사로서 말투와 태도가 겸손하고 조용했다. 농사 경험이 없는 그이는 우리집에 오기 전에 달리기로 체력을 단련했단다. 농사일은 어디서나 어려운 일로 통하는가 보다. 마이크는 우리와 함께 감자도 캐고, 피사리도 하고, 사슴에게 줄 꼴도 벴다. 비가 내리는 날이 계속되어 들일을 많이 도와주지 못해 미안하다며, 햇볕이 쨍쨍 내리쬐던 어느 날은 하루 종일 꼬박 논에 엎드려 피사리를 하기도 했다.

마이크가 특히 즐거워했던 일은 이웃마을에 있는 초등학교 분교에서 아이들과 함께 보낸 시간이었다. 아무래도 우리와 다른 얼굴인 마이크를 보고 아이들은 눈을 반짝였다. 이 세상에는 우리하고 모습과 말과 문화가 다른 사람들이 있다는 것을, 그리고 그들과 소통이 가능하다는 것을 아이들이 느낄 수 있기를 나는 바랬다. 수줍어하지 않을까 하는 염려와 달리 아이들은 마이크가 묻는 말에 대답도 잘하고 질문도 곧잘 했다.

우리집에 머문 열흘 동안 마이크는 우리와 똑같이 밥과 김치를 먹었다. 마침 감자를 내던 때여서 끼니마다 감자가 상에 올랐는데, 마이크는 매번 밥 한 그릇을 뚝딱 비우고는, 일하러 왔는데 외려 몸이 불어 집으로 돌아가게 생겼다며 너스레를 떨었다.

마이크는 홍콩의 친구들에게 한국 사람들은 눈물이 쏙 빠지게 매운 풋고추를 끼니마다 대여섯 개씩, 그것도 고추장에 찍어 먹더라고 말할 것이다.

스튜는 무어라고 할까? 한국 아낙네들, 음식 솜씨는 정말로 젬병이라고 하는 것은 아닐까? 영국으로 돌아가 자신의 할머니가 보셨다는 요리책을 내게 보내준 것을 보면 틀림없는 것 같다.

언젠가 우리가 낯선 나라의 농장을 찾았을 때, 우리는 과연 노동 외에 무엇을 나누어줄 수 있을까? 무슨 이야기 끝이었는지는 생각나지 않지만 스튜가 한 말이 생각난다.

"이 세상에 더 나은 문화는 없다. 단지 다를 뿐이다." 2003. 8

홍콩 언니께
― 어릴 적 밥맛이 그립습니다

신 김치를 물에 살짝 헹구어서 양념한 멸치젓에 싸먹고 싶다는 언니의 글을 읽고 마음이 짠했어요. 가까이, 아니, 같은 나라에만 살고 있더라도 겨우내 땅 속 깊이 묻은 김장독에서 감칠맛 나게 시어진 김치 몇 포기를 보낼 수 있을 텐데.

저절로 눈이 감기게 신 총각김치 한 사발만 있으면 밥 한 그릇을 뚝딱 비우시는 오라버니도 여기 김치가 많이 그립겠네요. 이국생활이 벌써 20년이 넘었건만, 두 분 식성은 여전히 완전 토종이니까요. 김칫독에서 막 꺼낸 총각김치와 동치미를 보면 두 분 모두 틀림없이 탄성을 지를 겁니다.

요즘은 김장 김치하고 지난 가을 간장에 삭혀놓은 고추로 밥 한 그릇을 뚝딱 비운답니다. 삭힌 고추가 엄청 잘 됐어요. 재료도 좋았지만, 무엇보다도 어머니가 일러주신 방법을 그대로 따라 했거든요. 어머니가 보면 "깎은 신랑 같다" 하실 동글동글한 돌로 꼭꼭 눌러놓은 고추가 장해 항아리 뚜껑을 열 때마다 바보처럼 헤~ 하고 웃는답니다.

생활이 단순해져서인지 아니면 생각이 단순해져서인지 무얼 먹을 때면 유난히 식구들 생각이 납니다. 이곳에 내려오고 나서는 부쩍 더 그런 것 같아요. 서울에서는 기껏해야 저녁밥이나 집에서 먹을까 말까 했는데, 시골에서는 하루 세 끼를 꼬박꼬박 집에서 챙겨 먹으니까요. 반찬이라야 푸성귀뿐이지만 몸뚱이 꿈적거리고 나서 먹는 밥은 어찌 그리 꿀맛인지요.

여름내 호박잎 쪄서 먹을 때면 이제는 뵐 수 없는 큰오라버니 생각, 오이지나 짠지를 꺼낼라치면 언니들 생각. 눈이 절로 감기게 신 열무김치를 보면 오빠들 생각이 납니다. 까까머리 오빠들은 커다란 양푼 가득한 찬밥에 신 열무김치 듬뿍 넣고 참기름 한 방울 쳐서 고추장에 썩썩 비벼서는 빙 둘러앉아 한 숟가락이라도 더 먹으려고 서로 말도 안 했지요.

여름 내내 보라색 가지 쪄서 조물조물 무칠 때면 어머니가 만든 가지나물을 오물오물 먹던 어렸을 적 형운이 생각납니다. 그런데 이 녀석이 제가 무친 가지나물은 썩 좋아하지 않더군요. 외할머니 맛이 아니었나 봅니다. 아무려면, 제 손맛이 어머니 손맛을 흉내라도 낼 수 있을라구요.

읍내에서 꽁꽁 언 꽁치라도 사오는 날은 어렸을 적 그림 하나가 떠오릅니다. 담 옆에 우물이 붙어 있던 공덕동 집, 열어놓은 쪽문 사이로 뒷골목이 보이는 마루에 둥근 상 하나 네모난 상 하나가 놓여 있네요. 아버지와 일곱 남매가 상 주위에 옹기종기 둘러앉아 있습니다. 엄마는 보이지 않는 것이, 아마 부엌에 계신가 봅니다. 상에는 김치가 푸짐하게 담긴 접시와 된장찌개 뚝배기, 새우젓 종지가 각각 하나씩 놓여 있습니다. 수저 옆마다 무엇에 쓰는 것일까, 신문지 한 조각이 놓여 있습니다. 지금 막 어머니가 부엌에서 나오시네요. 얌전하게 쪽진 머리, 광목 앞치마를 두른 어머니는 석쇠를 들고 있습니다. 석쇠 위에서 꽁치 토막들이 연기를 내며 지글거립니다.

"야! 꽁치다!"

사내애처럼 짧은 상고머리의 막내가 박수를 칩니다. 옆에 앉은 까까머리 오빠가 꼴깍 침을 삼킵니다. 마루로 올라오신 엄마는 먼저 아버지 곁으로 가서 그 중 제일 큰 토막을 신문지 위에 놓으십니다. 그리고는 아버지 옆에 앉은 큰오빠 앞에도 한 토막을 놓습니다. 큰오빠 옆에 앉았던 큰언니가 얼른 일어나 엄마에게서 석쇠를 받아들고 나머지 식구들 앞에 한 토막씩 배급합니다. 그동안 어머니는 부엌에서 물주전자를 들고 오셨습니다. 상에 앉은 엄마 앞에는 신문지도 꽁치도 없습니다.

"엄만 왜 꽁치 안 먹어?"

철없는 막내가 눈을 말갛게 뜨고 물으면 어머니는 그러셨습니다.

"엄마는, 비린내 나서 싫어."

그리고, 어쩌다 한 번, 어머니는 커다란 가마솥에 닭을 고았습니다. 아버지와 일곱 남매에게 다리 하나씩 골고루 돌아가게 하려면 네 마리는 고아야 했습니다. 어머니 몫은, 물론 없었지요. 어머니의 계산법은 늘 그랬습니다. 그렇지만 닭 네 마리가 한꺼번에 솥에 들어가는 일은 가뭄에 콩 나기였고, 대개는 한 마리로 그쳤지요. 솥 가득히 물을 붓고 어머니는 하염없이 닭을 고았습니다. 김이 나는 국물을 후후 불어가며 형체도 없이 흐물흐물해진 다리 두 개를 용케 찾아내어 아버지와 큰오라버니 그릇에 담던 어머니의 모습이 눈에 선합니다.

앞밭에 그득하던 푸성귀가 마냥 그리운 요즘은 밥을 지을 때마다 무슨 반찬을 할까 고민을 하게 됩니다. 그럴 때면 또 어머니를 떠올리지요. 식구는 많고 모든 것이 부족했던 시절에도 어머니가 차려주신 밥상은 맛있기만 했으니까요.

며칠 전에도 냉장고 앞에 서서 어머니가 만들어주셨던 반찬을 하나하나

짚어 보았답니다. 그러다가 문득 생각이 멈추었지요. 황석어젓! 지난 여름에 손님 한 분이 가져다주셨는데, 일도 많고 손님도 많아 경황이 없는 때여서 냉동칸에 넣고는 깜빡했던 거지요. 플라스틱 네모 상자 속에 얌전하고 가지런히 놓인 그것들을 보고 있으려니 어렸을 적 생각이 또 나겠지요.

먼저, 찌그러진 양은 냄비와 여기저기 긁힌 자국이 있는 은색 양푼 하나가 떠올랐습니다. 양은 냄비 대신 주둥이가 넓은 투명 냄비와 어머니가 쓰시던 스테인리스 그릇을 꺼냈지요. 그릇에 황석어젓을 가지런히 담고, 지난 늦여름 앞밭에서 따서 냉동칸에 쟁여놓은 홍고추와 청양고추를 썰어 얹었지요. 깨도 송송 뿌리고, 마늘도 조금 넣었습니다.

"어머니는 물을 조금 넣으셨던 것 같은데. 절인 것이라 물이 생길걸. 그래도 짜니까 물을 조금 넣는 것이 맞을 거야."

혼자 중얼거리다가 찻숟가락으로 하나, 또 하나 가만히 물을 흘려 넣었습니다. 투명 냄비의 5분의 1쯤 물을 담고 물 위에 배를 띄우듯 황석어젓이 담긴 그릇을 찰랑 띄웠습니다.

과연, 될까? 조심스럽게 가스불을 켰습니다. 잠시 후, 딸깍딸깍 소리가 났습니다. 양은 냄비와 은색 양푼이 부딪쳐서 나는 옛날의 그 정다운 소리는 아니었지만 딸그락 소리는 그래도 즐거웠습니다. 투명 냄비 안에서 스테인리스 그릇이 남실남실 춤을 추더군요. 그리고 잠시 후 생선 익는 냄새에 나는 입을 헤벌쭉 벌리고 웃습니다. 그날 저녁, 황석어젓 찐 것 하나로 저는 밥 한 그릇을 비웠답니다.

언니, 제가 갈 길이 멀어 그런지 먹는 것 하면 생각나는 것이 이리도 많답니다. 김장 김치가 더 시어지기 전에 그리운 분들을 청해야겠습니다. 김치 만두 하나뿐이어도 우리는 아름다운 추억여행을 떠날 수 있겠지요. 2003. 3

5. 진정, 농부로 산다는 것은

"아유, 주근깨가 새까맣게 나왔네. 처음 봤을 때는 새색시같이 뽀얗더니." 나는 조금 부아가 나기 시작했다. "난 그냥 취미로 하는 줄 알았는데, 손 보니까 진짜로 농사를 짓나 보네." 나는 얼른 혼자가 되고 싶었다. 어쩐 일인지, 상처를 받은 느낌이었다. 취미로 농사를 짓는 줄로 알았다는 말 때문이었다.

죽으려야 죽을 틈이 없다

날이 밝기가 무섭게 들에 나가 개구리 울음소리에 밀려 집으로 돌아오는 날이 이어지고 있다. 이곳 사람들이 보기에는 소꿉장난 같은 농사를 짓는 우리도 복숭아 열매 솎으랴, 모내기하랴 정신이 없다. 올해는 날씨까지 이상하여 볏모 내는 일에 두 번이나 실패해 더 바쁘다.

며칠 전, 모를 가지러 원주에 가는 길이었다. 나이는 우리보다 훨씬 아래지만 농사로 치면 한참 선배인 황희 아빠가 사방으로 수소문하여 볏모를 구해 놓았다고 했다. 차창 양 옆으로 논이 이어졌다. 방금 모를 심은 연두색 논도 있었고, 언제 심었는지 모가 벌써 뿌리를 내려 초록으로 변한 논도 있었다. 굽이진 고갯길을 막 넘은 참이었는데 논둑 위에 유모차 하나가 보였다. 유모차 뒤로 이어지는 논에서는 젊은 부부가 손모를 잇고 있었다.

초록이 짙은 뒷산, 연두색 다랑이 논, 논에 엎드려 있는 젊은 부부, 그리고 논둑의 유모차. 한 폭의 풍경화같이 아름답고 평화로운 광경이었지만, 나는 가슴이 싸해졌다. 유모차의 갓난아이는 자다가 깨어 울다가 힘이 빠지면 다시 잠이 들겠지. 젊은 엄마는 땡볕 아래 혼자 남겨놓은 아기 생각에 마음이 저리겠지. 90도로 굽힌 허리는 또 얼마나 아플까. 사물 뒤의 모습을 보고 있는 내게, 나는 골이 났다. 황희네 과수원에 도착하도록 무겁게 가라앉은 마음이 풀리지 않았다.

황희 엄마는 땀을 뻘뻘 흘리며 복숭아 봉지를 씌우고 있었다. 나를 보고도 손을 쉬지 않는 황희 엄마를 향해 내가 물었다.

"할 만해?"

"일이 너무 힘들어 요즘은 도망치고 싶어요."

"도망치고 싶다는 사람이 그렇게 웃어도 되는 거야?"

내 말에 황희 엄마는 더 밝고 환하게 웃었다. 대학 시절 하얀 고무신을 신고 미팅에 나온 황희 아빠가 그렇게 멋져 보였다니, 황희 엄마는 그때 이미 농부의 아내가 될 운명이었나 보다. 아니, 지금 그이는 스스로도 농부이다. 3천 평 과수원의 잡초를 혼자서 낫으로 베었다지 않던가.

"일할 때는 모르겠는데 밤이면 팔이 저려 끙끙 앓아요."

어디 팔만 저리겠는가. 논도 8천 평이나 되니 허리며 다리는 또 얼마나 아플까.

"얼굴 위로 비 오듯 흐르는 땀을 핑계로 울기도 여러 번 했어요."

지난 여름 피사리하면서 눈물을 떨군 기억이 내게도 있기에 나는 황희 엄마의 손을 가만히 잡았다. 쑤시는 몸뚱이도 그렇지만, 뒤늦게 본 막내아들 때문에 황희 엄마는 마음이 더 아프다고 했다. 지난해까지만 해도 바쁜 철이면 서울의 친정어머니께 보냈던 막내를 올해는 읍내 놀이방에 맡기는데, 낯선 환경 때문인지 아이가 자주 열이 나고 토한단다.

남편이 모내기하는 황희 아빠를 찾아 나선 동안 나는 황희 엄마와 함께 복숭아 봉지를 씌웠다. 잠시 그늘에 앉아 땀을 들이는 사이, 나는 그이에게 물었다.

"무엇이 제일 힘들어?"

"돈이 안 돼요. 농사를 지으면 지을수록 그런 것 같아요."

대개의 귀농인이 그렇듯이 황희네도 첫 번째 농사에 실패를 했다. 10년 전에 진 빚이 아직도 그이들의 목을 죄고 있는 것이다.

"그래도 애 아빠가 희망이 보인다고 하니, 믿어야지요."

젊은 작목반장으로 마을의 친환경농업 모임을 이끌면서 생활협동조합 일에도 열심인 남편에 대한 믿음과 사랑으로 그이의 까매진 얼굴이 환해졌다.

비가 부슬부슬 내리는 어제 저녁, 나는 황희 엄마에게 전화를 걸었다. 전화기 저쪽에서 들려오는 그이의 목소리가 잠겨 있었다.

"어디 아파?"

"아뇨. 비가 와서 쉬었더니 여기저기 쑤시네요."

복숭아 봉지 씌우기를 마치고 8천 평 너른 논을 훑으며 손모를 꽂고 있다니, 안 아플 수가 없겠지.

남편도 들일이 버겁기는 마찬가지인가 보다. 아침에 이앙기를 손본다며 나간 남편이 이내 얼굴을 찡그리며 들어왔다. 허리가 또 말썽을 부린다는 것이었다.

남편의 허리가 빨간 신호를 처음으로 보낸 것이 4년 전 봄이었다. 앞밭에 뿌리를 내린 복숭아 묘목을 간장골 밭에 옮겨 심으려는 요량으로 나무를 번쩍 뽑았는데, 허리로 찬바람이 쌩 지나가더니 도무지 일어서지를 못하겠더라다. 그 뒤 매년 한 차례씩, 그것도 꼭 본격적인 일철이 시작되면 남편은 허리병이 도졌다. 안 봐도 뻔한 것이, 이번에도 급한 마음에 이앙기를 번쩍 들려고 했을 것이다.

병치레를 거의 하지 않던 남편이 병원 출입을 하는 이유는 모두 들일에서 얻은 통증 때문이다. 5년 전, 첫 작물로 시작했던 두릅 농사 때 순이 나오는 마디를 일일이 자르면서 얻은 어깨 결림이 첫 증상이었다. 마디를 하나씩 망에 꽂는 작업을 하면서는 손가락과 팔이 저려 우리는 밤마다 끙끙 앓았다.

벼와 복숭아 농사를 시작하고는 남편은 힘을 쓰는 일이 많아졌다. 퇴비도 넣어야 하고 벼 포대도 번쩍번쩍 들어야 하고. 힘을 쓰는 남편 옆에서 겨우 일하는 시늉이나 하는 나도 저녁이면 파스를 붙이는 날이 많다.

시골생활 6년에 가정용 의료기구가 많이 늘었다. 파스는 일용품이고 찜질팩은 기본에, 저주파 안마기와 부항기까지 들여놓았다. 이곳 사람들 말대로 "소꿉장난하듯" 농사짓는 우리가 이 정도이니, 평생 농사로 허리가 휘신 어르신들은 어떠실까.

부엌에 있는 부지깽이도 거든다는 요즘은 날이 훤해지기도 전에 경운기 소리가 요란하다. 아픈 허리를 쉬지 못한 채 윗옷 위로 복대를 찬 어르신들의 모습도 자주 눈에 띈다. 들일이라는 것이 대개 허리를 굽히거나 쪼그리고 앉아서 해야 하므로 허리와 무릎에 무리가 많이 가게 마련이다. 들일용 간이 의자라는 것도 있으나 실제로 사용하는 분들은 거의 없다. 의자를 쓰시라는 내 말에 소연 할머니가 그러셨다.

"무슨 좋은 팔자라구 의자에 앉아서 일을 하누?"

눈길 가는 곳마다 일감이 널려 있으니 급한 마음에 허리야 아프거나 말거나 그냥 들에 엎드리고 마는 것이다. 겨울이면 읍내 의원의 규모에 걸맞지 않게 커다란 물리치료실이 늘 붐비는 이유를 첫봄을 넘기면서 곧 알게 되었다. 농번기에는 그야말로 "죽으려야 죽을 틈도 없는" 것이다. 2003.6

자립의 꿈은 아득하기만 하고

"도련님, 녹용 잡수시려나? 뿔 잘라준 이가 우리 녹용이 참 좋다고, 남한테 주지 말고 식구들하고 나누어 먹으라고 해서…… 올핸 이 사람도 한 재 먹이려고…… 그런데…… 녹용값은 받아야 할 것 같아서…… 우리가 아직 그렇잖아……."

"그럼요, 형님. 당연히 받으셔야죠."

추석 꼭 열흘 뒤인 시아버지의 제삿날이었다. 싱크대에 가득 쌓인 그릇을 설거지하는 동서 옆에서 제사 음식과 과일을 나누어 싸며 두런거리는데 나도 모르게 얼굴이 벌게졌다.

시골에 온 두 번째 해, 농기계 교육에 다녀온 남편이 느닷없이 사슴을 기르자고 했다. 교육생 중에 사슴 농장을 하는 이가 있었는데 그이의 사슴 자랑에 워낙 동물을 좋아하는 남편이 귀가 솔깃해진 거였다.

그렇게 해서 암수 한 쌍으로 시작된 사슴 가족은 빠르게 불어났다. 호수같이 맑은 눈, 윤이 나는 갈색 몸뚱이에 점점이 박힌 하얀 매화 무늬, 사슴은 참으로 사랑스러웠다.

그렇지만 마른 풀을 걷어오는 것도 큰일이었고 하루 한 번 먹이는 사료값도 만만치 않았다. 사슴을 분양해준 목장에서는 여름에 뿔을 자르면 사슴피만으로도 돈이 꽤 된다고 했지만, 사슴피를 팔 생각은 애당초 없었기에 녹용을 팔아 사료비를 충당할 생각이었다. 그런데 뿔을 잘라준 목장 주인으로부터 우리 녹용이 워낙 좋으니 남에게 주지 말고 식구끼리 나누어 먹으라는 말을 듣고 나서는 갈등이 시작된 것이다. 식구와 나누는 것은 좋은데, 그럼 돈을 받아야 하나 말아야 하나.

농사가 돈이 안 된다는 것은 시골에 내려오기 전부터 대충 짐작하고 있었지만, 시골생활은 각오했던 것보다 훨씬 더 팍팍했다. 게다가 시골에 내려와 처음 3년 동안 매달렸던 두릅을 갈아엎었으니, 처음부터 다시 시작하는 것이나 다름없었다. 초보 농군에게 1년이라는 농사의 사이클은 어려움을 넘어 절망이었다. 귀농 3년차, 올해 농사 수입이 겨우 350만 원이다. 귀농하면서 얻은 영농자금 2천만 원도 고스란히 빚으로 남아 있다. 자립의 꿈이 아득하기만 한 것 같아 가끔 기운이 빠질 때가 있다.

시골에 사니 생활비는 걱정 없겠다고 생각하는 이들도 많지만 이곳에서도 돈은 필요하다. 먹는 것이야 집에서 나는 것으로 해결한다 하지만, 그것도 꼭 푸성귀만 먹고 살 수는 없지 않은가. 매달 꼭 들어가는 의료보험과 연금도 만만치 않다. 자동차 유지비에 또 십수만 원이 들어가고, 모터를 돌려 물을 쓰므로 전기료도 4만 원이 넘는다. 인터넷 사용료를 합친 통신비가 7만 원 돈에, 신문과 간행물 대금과 후원회비가 또 기만 원이다. 대충 그렇게만 해도 40만 원이 훌쩍 넘는다.

거기에 화장지며 치약과 같은 공산품도 필요하고, 장호원에 장이 서는 날이면 노점에 앉아 해장국도 먹고 싶고, 말 못하는 아저씨가 만드는 국화빵도 먹고 싶다. 몸과 마음이 쓸쓸한 날이면 막걸리가 생각나는데, 몸이며 마음은 왜 그리 자주 쓸쓸해지는지. 겨울에는 또 연료비라는 무서운 복병이 있다. 돈을 먹어치우는 괴물 같은 석유보일러를 치우고 장작보일러를 들여놓았는데,

지난해 장작보일러를 들여놓은 집이 많아 올해는 아무래도 장작 얻기가 어려울 것 같다.

그렇게 계산해보니 한 달에 50만 원이면 빠듯하게나마 살 수 있겠다는 생각이 들었다. 일년에 6백만 원. 설마 그 돈을 못 벌랴 했는데, 서울에서 내외가 한 달이면 벌던 그 돈은 초보 농군이 넘보기에는 너무나 큰 거금이었다. 하루아침에 얼마가 올랐다는 서울 아파트 값 얘기를 듣고 있노라면 꼭 남의 나라 이야기같이 느껴진다.

농사만 해도 그렇다. 경험도 없으면서 농약이며 화학비료를 안 쓰려 하니 소출이 떨어질 것은 불을 보듯 환한 일이다. 거기다가 작목까지 전환했으니 인프라에도 다시 돈이 들어갈 게 뻔하다. 내년, 아니 내후년까지는 아무래도 힘들 것이라 각오하고 있다. 그러나 논 천 평에 과수원 천 평, 2천 평이나 되는 땅에서 달랑 어른 두 사람의 생활비도 나오지 않는다는 것은 말이 안 된다. 판판히 노는 것도 아닌데. 귀농이 대안이라면 농사로 생활이 되어야 하지 않겠냐 말이다.

그래도 우리만 해도 도피구가 있는 편이다. 몸이 고되기는 하겠지만 밤을 도와 번역도 할 수 있고, 남편도 무슨 일이든 할 수 있을 것이다. 그렇지만 평생을 땅만 파고 살아온 이곳 어른들은 기댈 곳이 없다. 일당 2만 원을 받고 여주나 이천으로 나가 하루 종일 남의 땅에 고구마를 심는 것이 고작이다. 도시에서 사는 자식들이야 돈도 몇 푼 안 되는데 그만 두시라고 쉽게 말한다지만, 농협빚 고지서에 농약 청구서를 생각하면, 또 여름방학 때 당신 찾아 내려올 손주들을 생각하면 도저히 그럴 수가 없는 것이다. 허리 위로 분홍색 복대를 조여 매고 새벽 봉고차에 몸을 싣는 어른들을 뵈면 남의 일 같지 않다.

별의별 작물을 다 섭렵한 끝에 귀농 10년 만에 무농약 쌈채로 이제야 자리를 조금 잡은 것 같다는 귀농 선배는 재배부터 배송까지 내외가 전부 도맡아 하느라 새벽부터 밤까지 종종걸음을 치며 산다고 했다. 손톱 밑에 까맣게 흙물이 든 두툼한 손을 저으며 그이가 말했다.

"자연과 더불어 사는 정직한 농사, 참 아름답지요. 그렇지만 밥은 먹어야 되지 않겠습니까?" 2002.10

나는 왜 무농약 농사를 지으려고 하는가

아침에 과수원에서 복숭아를 보고 내려와서는 내외가 한숨을 내쉬고 있다. 며칠 후면 따야 한다는데, 우리 복숭아는 아직도 자두만 하니 말이다. 노력이 부족했다는 반성을 자주 하고 있다. 길게 보자고 했는데, 느긋해지기가 생각보다 쉽지 않다. 특히 지난해까지 한 번씩 치던 농약을 올해부터는 완전히 끊기로 했기에 더욱 조바심이 난다.

인터넷을 열고 남편의 영농일기를 훑어보다가 지난 봄에 남편이 올린 글을 다시 읽었다. 자연자재를 쓴 무농약 농산물이 검증받은 농약을 친 농산물보다 안전하지 않다고 주장한 글이 올라오자 남편이 급하게 쓴 글이었다. 글을 찬찬히 읽는 동안 마음이 차분해졌다. 어려워도 그 길을 가리라, 다시 마음을 다진다. 남편의 글을 옮겨본다.

마침 비가 그쳐 복숭아나무에 뿌릴 천연영양제를 준비하러 나가려다 님의 글을 보고 다시 컴퓨터 앞에 앉았습니다.

4년 반 전에 농군이 되려고 시골에 오긴 했습니다만, 그때만 해도 저는 자연농업이니 친환경농업이니 하는 말을 잘 몰랐습니다. 서울 살 때 집사람이 한살림 회원이어서 유기농이란 말을 듣긴 했지만, 사실 관심 있게 듣지 않았습니다.

이곳에 와서 제일 놀라고 겁났던 것이 주위 사람들이 뿌려대는 농약이었습니다. 첫 2년간은 농사일을 배우려고 감곡에서 복숭아 농사를 크게 짓는 댁에 자주 들락거렸습니다. 첫 해 그 댁에서는 농약을 일곱 번 뿌렸습니다. 지난해에는 열네 번 뿌렸다고 합니다. 3년 사이에 농약의 양이 두 배로 증가한 것입니다. 저희 마을에도 복숭아 과수원이 몇 있는데, 여름이 되면 얼굴이 부어오른 아주머니들이 더러 보입니다. 농약 때문이지요.

어디 농약뿐입니까? 제초제는 또 어떻습니까? 밭둑이든 논둑이든 풀만 났다 하면 그라목손이니 라운드를, 그것도 소금까지 넣어 뿌립니다. 그라목손은 제가 알기로 고엽제의 일종으로 일단 땅에 뿌려지면 잔류 성분이 완전히 없어지기까지 20여 년의 세월이 흘러야 합니다. 몸 튼튼 마음 튼튼 살고 싶어 시골에 내려왔는데 저렇게 농약 치는 농사를 짓다가는 내가 지레 죽고 말겠구나, 그런 생각이 반사적으로 들었습니다. 초보인 주제에 농약 덜 쓰고, 궁극적으로는 안 써야겠다는 생각이 그래서 들었습니다.

시골에 와서 보니 시장에 낼 작물과 당신 식구들 먹을 것을 구별하여 농사를 짓는 어른들이 많았습니다. 당신들 드실 것에는 물론 농약을 적게 뿌리십니다. 농사로만 일생을 보내신 분들이 그렇게 한다는 것이 과연 무슨 의미이겠습니까?

또 하나, 그동안 무분별하게 뿌려댄 농약과 화학비료 때문에 땅이 죽어가고 있다는 것은 누구나 공감하는 사실입니다. 오죽하면 전 세계적으로 '지속가능한' 농사라는 이야기가 나오겠습니까? 저희는 자식을 두지 않았습니다만, 나중에 이 땅에서 살아야 할 친구들에게 물려줄 수 없는 땅을 만드는 데 일조를 해서는 안 된다는 생각도 들었습니다.

제가 워낙 천성이 게으르고 공부에 취미가 없는 사람이어서 정확한 자료를 제시할 수 없는 것이 안타깝습니다만, 님의 주장 또한 한 과학자의 연구결과일 뿐이라고 생각합니다. 건강을 위해 많은 사람들이 즐기는 산림욕도 알고 보면 식물의 좋은 기를 취하려는 것이고, 맨발 산책로 또한 자연의 기를 몸으로 느끼려는 것이 아닌지요?

글을 쓰다 보니, 도시 소비자에 대한 부분도 생각이 납니다. 유기농으로 지은 농산물은 농약을 친 것에 비해 때깔이나 크기가 떨어집니다. 특히, 저희 복숭아는 저희가 경험도 짧은 데다 농약과 화학비료를 주지 않으니 볼품이 떨어질 밖에요. 그렇지만 소비자들은 때깔 좋고 커다란 복숭아를 원합니다. 지난 여름, 전 세계 유기농 농장을 돌며 체험을 하고 있는 영국 친구 스튜가 우리집에서 보름 동안 함께 생활한 적이 있었습니다. 과수원에 함께 올라 첫 복숭아를 땄는데 온전한 복숭아보다 벌레 먹은 것과 흠 있는 것이 훨씬 더 많았지요. 저희가 흠 없는 것을 가려 따로 상자에 담자 그 친구가 물었습니다.

"너희 나라 사람들은 왜 그렇게 '완전한' 복숭아만 원하느냐? 슈퍼마켓에 가면 전부 크고 흠 없는 것들만 나와 있더라."

대답할 말이 없어 옹색했던 기억이 지금도 새삼스럽습니다. 소비자들이 때깔이나 크기로만 농산물을 선택한다면 이 땅의 농부들은 농약을 안 칠 수 없을 것입니다. 소비자의 의식도 함께 바뀌어야 하겠지요. 농사 꼴이 어떻게 될지 알 수 없지만, 저희는 계속 이 길을 가려고 합니다.

다만 하나, 여러 어른께 미안합니다. 저희는 식구라야 저희 부부뿐이어서 다른 분들이 보시면 소꿉장난 같은 농사를 짓고 있습니다. 본격적으로 농사를 시작한 첫해에는 하늘까지 무심하여 고생을 엄청 했습니다만, 이제는 요령이 제법 생겨 그럭저럭 농사를 짓고 있습니다. 딸린 식구들도 많고 땅도 넓은 농가에서는 일반 농사보다 손이 훨씬 많이 가는 친환경농업을 하기가 더 어려우실 겁니다. 그래도 일부분이라도 농약을 덜 쓰는 농사를 지으셨으면 하는 것이 제 바람입니다. 2003. 7

나는 아직도 이방인

비가 멈추기를 기다려 간장골 복숭아나무에 영양제를 주고 내려오는 길이었다. 엄청 더운 날도 아니었는데 마음이 급해 땀을 비 오듯 흘린 후였다. 수확할 날은 며칠 안 남았는데, 아직 자두알만한 복숭아에 기운이 빠지기도 한 터였다. 잦은 비도 원망스러웠다. 다리가 흐느적거려 발이 자꾸 헛디뎌지는 것 같았는데, 버스 정류장에 이르자 누군가 높은 목소리로 말을 건넸다.
"세상에! 딴 데서 보면 몰라보겠네. 영락없는 시골 아줌마네."
우리보다 먼저 이웃 마을로 들어온 아주머니였다. 그림 같은 정원에서 텃밭을 가꾸며 여유로운 노후생활을 즐기신다는 분으로 몇 년 전 우연히 인사를 나눈 뒤 읍내에서 몇 번 마주친 적이 있었다. 우리 마을에 볼일이 있어 건너왔다면서, 그이는 내 옆에 바짝 붙어 서서 내 얼굴을 들여다보며 혀를 끌끌 찼다. 내 코에도 내 옷에서 나는 땀내가 훅 끼쳤다. 슬며시 한 걸음 물러서서 나를 바라보는 아주머니 얼굴이 백옥같이 희었다.
"아유, 주근깨가 새까맣게 나왔네. 처음 봤을 때는 새색시 같이 뽀얗더니."
햇볕에 달아올라 화끈거리는 얼굴을 얼른 손으로 가리며 나는 얼버무리듯 말했다.
"그래도, 다들 전보다 훨씬 건강해 보인다고 하시던데요."
말은 그렇게 했지만, 나는 조금 부아가 나기 시작했다.
"난 그냥 취미로 하는 줄 알았는데. 손 보니까, 진짜로 농사를 짓나 보네."
땀 냄새를 맡은 날벌레들이 내 옷에 들러붙자 아주머니는 얼른 옆으로 비켜서서 홰홰 손사래를 쳤다. 곱고도 하얀 손이었다.
"제 옷에서 나는 땀 냄새 맡고 날아드나 보네요. 어서 건너 가셔요."
나는 얼른 혼자가 되고 싶었다. 2차선 차도를 건너는 동안 아주머니는 나를 여러 번 돌아보았다. 어쩐 일인지, 나는 상처를 받은 느낌이었다. 집으로 내려가며 가만히 생각하니, 취미로 농사를 짓는 줄로 알았다는 말 때문이었다.

올 봄, 모내기 때였다. 남편이 운전하는 이앙기가 말썽을 부려 부속품을 구하러 읍내로 급히 나선 길이었다. 서두르느라 신발도 바꿔 신지 못하고 논장화를 신은 채였다. 마침 읍내에 가신다는 동네 아주머니를 마을 어귀에서 태워드렸다. 아주머니는 낯선 이와 함께 차에 올랐다. 뒷좌석에 앉자 그이가 아주머니에게 물었다.

'뉘셔?'

"응, 서울 새댁이여. 농사 쬐끔 져. 장난으로."

나는 얼굴이 뜨뜻해졌다. 내 딴에는 이리 뛰고 저리 뛰고 하는데, 이분들한테는 장난으로 보이는구나. 내가 아직 당신네 사람이 아니란 말씀이겠지.

생각나는 것이 또 있었다. 지난 겨울, 여의도 농민대회에서 겪은 일이었다. 이곳 지역 사람들과 함께 버스에서 내려 대회장으로 걸어가는 도중에 아기를 업은 젊은 엄마를 만났다. 칼바람이 부는 날이었는데, 등에 업힌 아기는 모자도 안 쓴 채 빡빡 깎은 머리를 그대로 드러내고 있었다. 아기의 빡빡머리에 "농업 개방 절대 반대"라고 쓰인 빨간 띠가 둘러져 있었다. 엄마의 이마에도 빨간 띠가 둘러져 있었다. 낯선 거리를 두리번거리는 아기의 빨갛게 언 볼이 추워 보여 내가 아기의 얼굴을 쓸어주자, 젊은 엄마의 얼굴이 단단히 굳어졌다. 그것이 경계심과 분노라고 느끼는 순간, 나는 얼른 아이의 얼굴에서 내 손을 거두었다. 농민대회에 참가하기 위해 서울에 올라온 내가 그이에게는 농부로 보이지 않았던 것이다. 그이의 서늘한 눈길에 마음이 시렸던 기억이 아픔처럼 떠올랐다.

그러나 이날, 내가 더욱 쓸쓸했던 것은 이편 또 저편 사람들 때문이 아니었다. 방금 간장골 과수원에서 보고 온, 아직도 자두알만 한 복숭아 열매가 "당신은 아직 우리편이 아니야" 하며 고개를 저은 듯해서였다. 2003. 8

영원하고 완벽한 이상

유례없이 비가 잦았던 여름의 끝, 11주 만에 해가 났다던 일요일 새벽에 나는 고속도로 위에 있었다. 자동차는 경남과 경북, 강원도와 충청도를 빠르게 넘어갔다. 네 개의 도를 넘는데 세 시간밖에 걸리지 않으니 빠르고 편한 것은 좋았지만, 산허리를 신비롭게 두르고 있는 운해가 터널 때문에 자꾸 끊기는 것이 짜증났다. 간밤 늦도록 계속된 강의에서 우리나라가 제일 잘하는 것이 자동차 길 내는 것이라며 혀를 차던 강사님도 생각났다.

중요한 집안 모임이 있어 이틀 일정인 환경 강좌의 반도 마치지 못하고 집으로 돌아가는 길, 마음 한구석이 편하지 않았다. 꼭 듣고 싶었던 나머지 강좌를 들을 수 없는 것도 아쉬웠고, 전날 밤에 강의를 들으면서 내 마음에 갈마들었던 여러 생각도 다시 떠올랐다.

강사님은 우리나라 최고의 대학을 마친 엘리트로서 근대화의 물결과 함께 이농이 극에 달했던 시절에 고향에 내려와 지금까지 40년 가까이 엄격하게 유기농을 실천하며 농촌 문화와 공동체를 지키는 분이셨다.

귀농 6년차의 얼치기 농사꾼으로서 '극단적 원칙주의자'의 길을 걸으시는 선생님의 말씀을 꼭 한 번은 듣고 싶었다. 최소한의 원칙은 있으되 일상적 생활에서나 농사를 짓는 것에서나 끊임없이 타협하는 나를 돌아보고 싶었다.

선생님의 말씀은 역시 거침이 없었다. 주름지고 여위셨으나, 그분에게는 힘이 느껴졌다. 당신의 생각을 절충이나 타협 없이 몸으로 사시기 때문일 것이다. 그분의 철저함과 엄격함은 땅을 지키는 일이야말로 우리 모두의 운명과 직결된 문제라는, 양보할 수 없는 깨달음에서 온 것이리라.

논에 대한 선생님의 말씀을 듣는 동안 나는 문득문득 자신을 돌아보게 되었다. 농부가 되겠다는 남편을 따라 아무런 준비 없이 내려온 시골에서 내가 만난 것은 자연이었다. 그렇게 만난 자연은 내게 농사와 환경에 대해 눈을 뜨게 했다. 화학비료와 농약으로 죽어가는 땅을 보는 것은 가슴 아픈 일이었다. 남편과 함께 농사를 짓는 가운데, 비록 투철한 의식에 근거한 것은 아니었지만, 농사와 땅에 대한 작은 원칙들이 자연스럽게 만들어졌고 우리는 그것들을 지키기 위해 애를 썼다. 그러나 그 노력은 선생님의 '완벽하고 영원한' 이상과는 거리가 많이 있는 것이었다.

공생을 말씀하시는 선생님 앞에서 내 속에 아직도 그대로 남아 있는 개인주의를 생각하니 마음이 쓸쓸했다. 복숭아 내느라고 며칠 쪼그리고 일했다고 강의 시간 내내 똑바로 앉아 있기 어렵게 허리가 아픈 것도 절망스러웠다. 그렇지만, 이제껏 그랬듯이 자연이 일러주는 대로 가노라면 나도 언젠가는 나름대로 괜찮은 농부가 되지 않겠는가.

요즘 들어 생태적 삶과 더불어 사는 공동체를 지향하며 귀농을 계획적으로 준비하는 사람들이 많다고 들었다. 반가운 소식이 아닐 수 없다. 변변치는

않지만 먼저 귀농한 사람으로서 그이들은 부디 원하는 삶을 이루기를 진심으로 기원한다. 2003. 9

귀농 10계명

경제 탓인가 마음의 끌림 때문인가, 요즘 들어 귀농 이야기가 풍부하다. 그제에 이어 어제도 귀농을 생각하고 있는 사람들이 우리집을 찾아왔다. 아침에 인터넷 편지함을 열어보니 귀농에 대한 문의가 여러 통 있었다. 성공하고는 거리가 먼 우리에게도 이렇게 문의가 많은 것을 보면, 귀농을 생각하는 사람들이 정보를 나눌 곳이 아직 많이 부족한 모양이다.

　3년 전 여름에 인터넷 사이트를 개설하면서 붙인 제목이 '엉성한 앙성댁의 귀농일기'였다. 이제까지 우리가 겪은, 그리고 현재 이곳에서 일어나고 있는 일을 가감 없이 전달하여 귀농을 생각하는 사람들의 시행착오를 줄이는 데 도움이 되었으면 하는 것이 사이트 개설 목적 중의 하나였다. 하지만 사람의 일이 그런 것처럼 이런 저런 이유로 완전히 솔직할 수 없었던 것도 사실이다. 그 중에서도 가장 큰 이유가 이곳에서 오래도록 농사를 짓고 싶은 소망을 이루기 위함이라는 것이 안타깝다.

　또 하나 바라는 것은, 주제넘은 것이긴 하지만, 우리 사이트를 찾는 이들이 시골과 농사에 대해 좀더 정확한, 그리고 긍정적인 시각을 가졌으면 하는 것이다. 나 자신 도시에서 생활하던 때는 매끼 밥을 먹으면서도 그것이 어떤 과정을 통해 내 밥상에까지 오르게 되었나를 생각해본 적이 없었다. 많은 어려움 속에서 땅을 지키고 작물을 키우는 농부들의 노고를 그이들이 잠시라도 떠올릴 수 있다면 그보다 더한 보람은 없을 것이다.

2년 전, 귀농을 생각하는 이들을 위해 사이트에 올렸던 글을 오늘 다시 읽어본다.

귀농 10계명

1. 몸과 마음을 함께 준비한다

몸과 마음이 함께 귀농을 원해야만 즐거운 시골생활이 가능합니다. 마음은 시골을 향해 있는데 몸은 도시의 풍요와 안락함을 쫓는다면 행복한 시골생활이 될 수 없겠지요. 도시의 풍족함과 안락함, 도시 문명의 이기를 기꺼이 버릴 수 있어야 하며, 사정없이 내리쬐는 햇볕 아래서 비 오듯 땀을 흘리며 일할 수 있어야 합니다. 시골생활은 부지런히 몸을 움직이기를 끊임없이 요구합니다.

2. 가족의 동의와 협조는 필수적이다

부부의 경우, 시골에서는 하루 온종일을 함께 지내야 합니다. 농사의 대부분이 몸을 움직여야 하는 일이기 때문에 함께 일하는 것이 매우 중요합니다. 설사 힘이 부족하고 일을 잘하지 못하더라도 현장에 함께 있는 것만으로도 상대방에게 힘이 됩니다. 농사라는 새로운 환경에 적응하는 것도 벅찬데, 가족의 협조와 이해가 없으면 시골생활은 결코 순탄할 수 없습니다.

3. 부자로 살고 싶다면 귀농을 포기하라

돈을 벌기 위해 귀농한다는 생각은 아예 접어야 합니다. 자금과 농업경영에 대한 특별한 준비가 없는 한, 처음에는 자급자족을 목표로 하는 것이 바람직합니다. 자급자족도 사실은 매우 어렵습니다. 아무리 철저히 준비를 하더라도 돌출사건이 시시때때로 터지니까요. 또한 귀농자는 초반 인프라 마련에 많은 경비가 소요됩니다. 하다못해 호미까지 새로 사야 하니까요. 처음부터 자금 전체를 움직여서 시작하면 경제적 어려움에 처하게 되기 쉽습니다. 처음 몇 해는 농사로 벌이가 되지 않더라도 최소한의 생활비를 조달할 수 있다면 더욱 좋겠지요.

4. 힘들더라도 덩어리 땅을 확보하라

순수 농사만으로 생활이 가능하려면 최소 2천 평 정도의 땅은 필요하다고 생각합니다. 버섯 같은 특용작물이나 시설 재배의 경우는 적은 땅으로도 가능하겠지만, 일반적인 작물 재배로 생활을 해결하려면 그 정도의 땅이 있어야 경제성이 있다고 보아집니다. 당연한 것이지만, 농지는 되도록 집과 가까워야 합니다. 집과 붙어 있으면 더욱 좋겠지요. 문전옥답이라는 말이 말해주듯 사든 빌리든 덩어리 땅을 확보하면 관리도 수월하고 그만큼 경제성도 있습니다. 지금까지의 제 경험으로 보아 초보 농사꾼 두 사람이 감당할 수 있는 일반 농산물 재배 면적도 대략 2천 평 정도로 생각됩니다. 귀농지 선택은 되도록 발품을 많이 팔 것을 권합니다. 연고지이든 생소한 곳이든 주변에 대해 정확한 정보를 얻는 것이 중요합니다. 이를테면 골프장이나 공원묘지, 대규모 위락시설 등 개발의 바람이 부는 곳은 절대로 피하십시오.

5. 주택에 많은 돈을 투자하지 말라

저희가 크게 실수한 부분입니다. 도시를 떠난다고 생각했으면서도 도시생활을 탈피하지 못한 예였지요. 시골생활은 들판 자체가 거대한 생활 터전입니다. 집은 편히 쉴 수 있을 정도면 됩니다. 귀농자금에서 집에 투자하는 부분을 최소한으로 줄이는 것이 바람직합니다. 살다가 이사할 수 있다는 것도 반드시 고려하십시오. 그 경우, 이 부분은 더욱 중요합니다.

6. 맹지는 결단코 구입하지 말라

진입로가 없는 땅, 즉 맹지는 결코 구입해서는 안 됩니다. 부동산 업소나 마을 주민들이 무슨 말을 하더라도 맹지는 절대로 사지 마십시오. 다른 사람의 땅을 경유하여야만 들어가게 되어 있는 토지를 꼭 구입해야 할 경우라면 땅 임자로부터 주위 토지 통행권에 대해 공증을 받은 후에만 구입하십시오.

7. 작물 선정은 신중을 기하라

작물을 미리 정해놓고 귀농하는 경우가 아니라면 주위 환경을 감안하여 그곳 특성에 맞는 작물을 선택하는 것이 무난하다고 생각합니다. 광고나 주변 사람의 권유를 통해 작물을 선정할 때에는 신중해야 합니다. 농사에서는 가장 짧은 주기가 1년입니다. 단 한 번의 시행착오의 충격이 몇 년을 갈 수도 있습니다. 다양한 경로를 통해 작물 공부를 해두는 것이 필요합니다. 작물에 따라 귀농지가 달라지기도 하고, 반대로 귀농지에 따라 작물이 달라지기도 합니다.

8. 마을 주민은 사돈같이 대하라

대체로 귀농인은 처음에 주민들과 친밀하게 지내려고 애를 씁니다. 그러다가 스스로 마음의 상처를 받고 제풀에 지치는 경우도 많이 있습니다. 가장 바람직한 것은 마을 사람들과 하나가 되는 것이지요. 그런데 그것이 쉽지 않습니다. 공동체적인 삶에 대한 확고한 믿음과 의지 때문에 귀농한 이들도 주민과의 갈등으로 고민하는 것을 여러 번 보았으니까요. 제 생각에는 처음에는 예절을 지키되 어느 정도의 거리를 유지하는 것, 즉 사돈같이 대하는 것이 무난하다고 생각합니다. 이쪽에서 먼저 예절을 지키면 상대방도 함부로 대하지는 않겠지요. 정착한 곳이 연고지이든 아니든 상관없이 귀농인은 대체로 텃새를 경험하게 됩니다. 원하는 삶을 살기 위해 치러야 하는 세금 같은 것이라고 생각하고 편안하게 생각하는 것이 좋을 것 같습니다. 어느 사회든 가장 어렵고 마음을 가장 다치게 하는 것이 사람과의 일입니다. 마음을 열고, 어렵더라도 자신이 가진 삶의 원칙을 지키며 살아가노라면 마을 주민들 가운데에서도 지기를 만날 수 있으리라 믿습니다. 장기간의 과제로 보고 긴 호흡으로 가야 할 부분이라 생각합니다.

9. 귀농단체를 이용하라

조직적으로 귀농 희망자를 교육시키는 단체를 이용하기 권합니다. 그 같은 교육을 받지 못했던 것을 저희는 조금 후회하고 있습니다. 어렵더라도 친환경농업을 지향하는 단체를 이용하는 것이 좋겠지요. 같은 생각을 가진 사람들과 자연스럽게 교류가 이루어질 것이며, 선배들로부터 도움을 받을 수도 있을 것입니다. 그러나 이 단체 저 단체에 너무 많이 드나들거나 맹목적으로 믿는 것도 바람직할 것 같지 않습니다. 이론과 실제가 판이하게 다른 일이 종종 있으니까요.

10. 자연과 닮아가라

시골생활에서는 자연이 주는 기쁨과 슬픔, 보람과 어려움을 특히 가깝게 느낄 수 있습니다. 자연은 극복의 대상이 아니라 그 움직임을 지혜롭게 따라가야 합니다. 자연에 순응하는 마음과 생활태도가 필요합니다. 그러노라면 생명과 환경에 대해 존경심을 가지게 됩니다. 농촌은 이름 없는 생명들의 경이로움과 아름다움으로 충만하며 그것을 우리에게 자연스럽게 가르치지만, 그것을 아름답게 느낄 수 있는 마음의 눈이 있어야 합니다. 2003. 9

치킨 런

요즘 우리집은 세 마리나 되는 개들이 한꺼번에 짖어대는 통에 정신이 없다. 녀석들의 세계에도 자신만의 고유 영역이 있는지, 아빠 장군은 두부 장수 아저씨의 마이크 소리가 들리면 우우 늑대 울음을 내고, 엄마 개투는 옆집 고양이나 쥐가 지나가면 끙끙 앓는 소리를 낸다. 막내 꾀순이 그래도 본래의 임무를 잊지 않고 모르는 사람이 문 앞에 서면 컹컹 소리를 낸다. 그런 세 녀석이 모두 멍멍대는 것은 무언가 큰일이 일어나고 있다는 뜻이다. 요즘의 큰일은 느티나무 가지 위에 앉아 녀석들의 약을 올리고 있는 우리집 닭이다.

뒷밭 닭장에서 평화롭게 살던 암탉 세 마리가 집을 나간 지 벌써 열흘이 넘었다. 새벽 달리기를 마치고 모이를 주려고 닭장 문을 열 때부터 묘한 긴장감이 느껴졌다. 여느 때 같으면 발자국 소리를 듣고 닭장문 앞으로 우르르 몰려나왔을 녀석들이 어쩐 일인지 저 안쪽 횃대 위에 꼼짝도 하지 않고 앉아 있었다.

구구 소리를 내며 손에 들고 있던 음식물 찌꺼기를 바닥 한가운데 내려놓는 순간, 암탉 한 마리가 차양막을 뚫고 하늘로 날아올랐다. 하늘로 오른 닭은 1백 미터는 좋이 떨어진 철이 할아버지네 지붕 위까지 날아가 앉았다. 그야말로 순식간의 일이어서, 나는 그 녀석이 백로처럼 훠이훠이 날개를 저었는지 아니면 닭장에서 으레 그랬듯 종종걸음으로 달렸는지 보지 못했다.

암탉의 느닷없는 비행에 얼이 빠져 있는 내 앞에서 이번에는 두 마리가 제트기처럼 쌩 바람을 가르며 동시에 하늘로 날아올랐다. 눈을 있는 대로 크게 뜨고도, 이번에도 나는 녀석들이 날갯짓을 했는지 아니면 뛰었는지를 놓치고 말았다.

"아이구, 무슨 일이래! 한 눔은 회관 창문에, 한 눔은 저기 지붕 위에 앉았어."

마침 마을회관 앞을 지나시던 만주 할머니께서 놀라서 소리를 치셨다. 철이 할아버지네 지붕 위에 앉은 녀석을 할머니는 미처 못 보신 모양이었다. 회관 창문턱에 앉아 있던 녀석은 내가 다가가자 다시 푸드득 날아 할머니네 집으로 들어가는 골목길로 사라졌다. 얼른 뒤를 쫓았지만, 나는 녀석의 그림자도 발견하지 못했다.

나란히 붙은 두 집 지붕 위에 앉은 닭 두 마리를 고개를 빼고 쳐다보고 있노라니 문득 '닭 쫓던 개 지붕 쳐다본다'는 말이 생각나 씩 웃고 말았다. 웃고 있는 내가 어이없다는 듯 할머니가 다급하게 손을 저었다.

"어여 나오라구 혀!"

남편을 부르라는 소리였는데, 남편 또한 뾰족한 수는 없을 것 같았다.

"지난번에 집 나간 수탉도 며칠 만에 다시 돌아왔어요. 인연이면, 재들도 돌아올 거예요."

그렇게 집을 나간 닭들 중 하나가 집 앞 느티나무 가지 위에 둥지를 틀고 있는 것이다. 하늘을 날더니만 자신이 까치인 줄 착각하고 있는 모양이다. 닭이 가지 위로 얼굴을 드러낼 때마다 꾀순을 필두로 우리집 개들은 죽어라고 짖어댄다. 마당에 나설 때마다 나는 녀석들에게 묻는다.

"꼬꼬 어디 있어?"

내 물음에 고개를 빼고 느티나무를 가리키는 녀석들에게서 나는 소통의 즐거움을 느낀다. 느티나무 아래 놓아주는 모이는 꼭꼭 챙겨가고 있는 것으로 보아 닭과 소통하는 즐거움을 느낄 날도 멀지 않을 것 같다.

처음에는 개들이 짖는 소리에 겁을 먹고 느티나무 가지 위로 휘리릭 날아오르던 닭이 이제는 대문 앞까지 진출하여 알짱거리기도 한다. 그동안 많이 담대해졌나 보다. 밤이면 꼭 헛간 지붕을 덮고 있는 다래 덩굴 위에서 잠을 자는 것이, 제 집 주변에서 자유를 즐기고 있는 듯싶다. 나를 빤히 보면서 달아날 생각도 않고 대문 앞을 유유히 걸어다니는 닭을 보고 있으려니 기억 하나가 떠올랐다.

올 봄, 평균 나이가 다섯 살이 넘은 어미 닭 세 마리가 한꺼번에 둥지에 들어앉아 알을 품었다. 워낙 노계여서 과연 병아리가 나올까 걱정이 돼 하루에도 몇 번씩 닭장 안을 들여다보았다. 온몸의 털을 빳빳하게 부풀린 어미 닭들은 자기를 바라보는 시선만 느껴도 그릉그릉 경계의 소리를 냈다. 곡기까지 끓고 스무 날이 넘게 알을 품은 어미 닭들 사이에서 병아리를 처음 발견한 순간의 놀라움과 기쁨은 지금도 어제 일처럼 선명하다.

병아리들은 어미 품에서 나오자마자 씩씩하게 걷고 먹을 것도 암팡지게 찾아 먹었다. 그러던 어느 날, 병아리 하나가 배로 기어다니는 것을 발견했다. 두 다리는 녀석의 의지와는 상관없이 아무데로나 뻗쳐 있었다. 먹이를 향해 온몸을 던지던 녀석의 절박함이 고스란히 내게 전해졌다. 그러나 어미 닭들과 형제들은 냉혹했다. 아픈 병아리를 위해 먹을 것을 남겨놓지 않았다.

우리는 녀석을 집안에 들여놓았다. 먹을 것을 주었을 뿐 다른 조처는 취하지 않았는데, 병아리는 조금씩 나아지기 시작했다. 드디어 병아리가 두 다리로 일어났고 얼마 후 남편은 녀석을 닭장으로 보냈다. 그동안 중닭으로 커진 형제들에 비하면 녀석은 아직도 병아리 그대로였다. 병아리를 살피기 위해 닭장 앞에서 머무는 시간이 길어진 어느 날이었다.

낮잠이라도 즐기려는 듯 어미닭과 새끼들이 하나씩 횃대 위로 날아가 앉았다. 땅 위에 남은 것은 이제 녀석 혼자뿐이었다. 횃대를 몇 번 올려다보던 녀석이 크게 날갯짓을 했다. 그러나 녀석은 횃대까지 오르지 못하고 바닥으로 떨어지고 말았다. 녀석은 한참 동안 횃대를 올려다보았다. 녀석의 심호흡 소리가 내게 들리는 듯했다. 녀석의 날갯짓이 계속되었고 녀석은 번번이 떨어지고 말았다. 세 번, 네 번, 다섯 번……. 나는 나도 모르게 주먹을 움켜쥐고 녀석을 응원하고 있었다.

"할 수 있어. 넌 오를 수 있어!"

그날 녀석은 끝내 횃대에 오르지 못했다. 그리고 일주일쯤 지났을까, 아침 일찍 닭장을 돌아보고 온 남편이 고개를 저었다. 녀석이 쥐에 물려 죽었다는 것이었다. "밤에는 횃대에 올려놓아야 하는 건데" 하며 남편은 혀를 끌끌 찼다. 횃대를 올려다보며 호흡을 가다듬던 녀석의 모습이 보이는가 싶더니 가슴 한구석이 휑해졌다. 2003. 10

"삶은 가시 박힌 손톱의 아픔"

올해 우리는 곡식을 여섯 가지 심었다. 벼, 찰벼, 메주콩, 검정콩, 차조, 검정팥. 이 중에서 애초 계획대로 지은 것은 벼뿐이다. 나머지 다섯 가지 모두 짓게 된 사연이 구구하지만, 그 중에서도 압권은 찰벼다.

올 봄, 지난해 거둔 볍씨로 모를 기르다가 실패하고는 애를 태웠다. 일반 모라면 어렵지 않게 구할 수 있겠지만, 유기농 벼에서 자가채종한 볍씨로 기른 모는 귀했다. 다솜 할머니가 급한 대로 당신네 남은 모를 심으라 하셨지만, 농약과 화학비료 없이 버틴 6년이라는 세월을 생각하면 그럴 수 없었다. 나라에서 파는 볍씨는 아예 농약으로 소독해서 보급하는 것으로 색깔조차 빨강이었다.

내외가 사방에 정신없이 연락을 한 결과, 다행히 노은의 하나네서 모를 구할 수 있었다. 두 분은 벌써 20년 넘게 유기농을 실천하고 있는 데다 그동안 농사뿐만 아니라 시골 생활 전반에 걸쳐 우리 부부에게 많은 도움을 주셨기에, 우리는 마음을 놓았다.

7천 평이 넘는 하나네 논에 모내기를 하던 날, 모판을 나르던 우리는 하나 아버지로부터 뜻밖의 사실을 듣게 되었다. 하나네 모는 그냥 벼가 아니라 찰벼였다! 그 말에 모판 여러 개를 겹쳐 들고 논둑을 걷던 남편이 발길을 멈추었다.

"어! 찰벼라구요?"

순간적으로 난감한 얼굴이 되었던 남편이 얼른 표정을 수습하며 너스레를 떨었다.

"잘 됐네. 올 가을부턴 인절미깨나 먹게 생겼네요!"

찰벼 아닌 메벼도 우리 다랑이 하나에 심을 정도로는 남았다는 하나 아버지의 말씀에 나는 남 몰래 가슴을 쓸어내렸다.

'휴, 우리 일년 먹을 쌀은 나오겠지. 명색이 벼농사 짓는다는 사람이 쌀을 사먹을 수도 없고……'

그렇게 얼떨결에 시작된 잡곡 농사가 어찌 된 일인지 계속 이어졌다.

올 봄, 우리 논과 복숭아 과수원이 있는 간장골에 오를 때마다 조금 쓸쓸했다. 지난해까지만 해도 하마 내가 일등일까, 하고 올라가면 어느새 밭에 엎드려 참깨와 콩을 돌보시던 흑대문집 할아버지를 더 이상 볼 수 없었던 것이다. 지난 겨울부터 몸이 많이 편찮으셔서 농사를 포기하셨단다. 할아버지 밭에는 참깨 대신 내 허리도 넘게 자란 망초가 무성했다.

새벽에 논둑을 달리노라면 마을을 서성이는 할아버지를 가끔 뵐 수 있었다. 댁에서 우리집 앞 느티나무를 지나 개울까지 1백 미터 남짓 되는 흙길을 할아버지는 슬로 비디오로 돌아가는 영화에서처럼 천천히 걸으셨다. 그동안 나는 1킬로미터 가까이 이어지는 논둑을 세 번인가 네 번 달렸다. 한 발자국 한 발자국이 천 근같이 무거우셨을 할아버지 앞에서 팔짝팔짝 달리는 것이 죄만스러워 평소에는 개울 앞에서 방향을 돌리던 것을 인구네 고추밭 앞에서 방향을 바꿨다. 고요하고 상쾌했던 새벽 달리기가 밀려드는 생각으로 어지럽고 무거웠다.

날이 더워지자 할아버지는 간장골 밭에 오르는 대신 느티나무 아래로 나오셨다. 할아버지 곁에는 늘 할머니가 함께 계셨다. 어느 날 할머니께서 간장골 참깨밭을 우리가 쓰면 좋겠다고 하셨다. 크지도 않은 복숭아 과수원과 논도 제대로 건사하지 못하는 터였기에 남의 땅에 밭농사까지 짓는 것은 상상도 할 수 없었다. 나는 자신이 없다고 말씀드렸다.

그런데 이상한 일이 일어났다. 망초가 우거진 할아버지의 참깨밭이 자꾸만 눈에 밟히는 거였다. 그 밭이 떠오르면 편찮으신 할아버지 생각에 쓸쓸했고, 농사 지으며 살아온 세월이 어느새 7년인데 아직도 자립을 못하는 우리 생각에 씁쓸했다. 나는 남편에게 할아버지 밭을 쓰자고 했다. 시골에 온 이듬해에 남의 땅을 빌려 호박과 고구마를 심었다가 수확도 못하고 사람만 잃은 경험이 있어, 남편은 내 말이 끝나기도 전에 고개를 저었다. 보기 싫은 잡초밭도 가꾸고, 농사 지어 돈도 벌고. 끝없이 반복되는 내 노래에 남편이 마침내 고개를 끄덕였다.

마음을 정하자, 장마 소식이 들려왔다. 시간이 없었다. 우리는 그 밭에 콩을 심기로 했다. 앞밭에서 두 해 콩 농사를 지은 적이 있었던 것이다. 할아버지께서 지난해에 거둔 참깻단을 골고루 흩뿌려준 후 트랙터로 땅을 골랐다. 형수님 고생 시키지 말고 이번만 제초제를 뿌리라는 후배의 말을 남편은 듣지 않았다. 대신, 잡초 뽑는 일을 줄이기 위해 비닐을 씌우기로 했다.

1천 평 밭에 둘이서 비닐을 씌우는데 하루 반나절이 걸렸다. 바로 옆 참깨밭에서 북을 주던 아람이 할아버지가 건너와 장하다며 남편의 어깨를 두들기셨다. 흑대문집 할아버지는 지난해 사람 넷을 얻어 비닐을 씌웠다 하셨다. 씨로 넣을 콩은 가을에 수확하면 갚기로 하고 영식이네서 꾸었다. 단단하고 탱글탱글한 것이 야물딱진 콩이었다.

장마 지기 전에 콩을 심으려니 잠시도 쉴 짬이 없었다. 마지막 날은 이마가 벗어지게 해가 쨍쨍 났다. 허리도 결리고 손아귀도 아프고. 그날 남편이 틀어놓은 테이프에서 들었던 노랫말이 지금도 귀에 박혀 있다.

"삶은 언제나 가시박힌 손톱에 아픔이라……."

지난해 추석 무렵, 하나네 밭에서 조를 처음 보았다. 벼처럼 고개를 숙이고 서있는 조가 장관이었다. 땅도 없으면서 욕심이 나서 씨앗으로 쓸 조를 하나 할머니께 부탁했다. 그해 어느 겨울날, 막걸리나 한 잔 하자며 우리집으로 건너오신 하나 아버지 편에 할머니께서는 잊지 않고 조를 보내셨다. 설탕 포대 종이에 곱게 싼 조를 보는 순간, 왜 그랬을까 언뜻 눈물이 고였다. 할머니의 마디 굵은 손가락이 눈앞을 지나갔다. 그 손으로 그해 거둔 것 중 가장 실한 것을 가려 이듬해 종자로 고이 모신 세월이 몇 년일까. 그동안 관념적으로만 알고 있던 순환이라는 개념이 확연히 알아지는 것 같았다. 시작과 끝이 없는 둥근 원과 같은.

과수원 위의 작은 묵정밭을 갈아 조를 심던 날은 하늘이 잔뜩 흐렸다. 해는 없었지만 습도가 높아 해 나는 날보다 오히려 더 후덥지근했다. 조는 깨알만큼 작아 집기도 어렵고 흙에 넣는데도 자꾸만 조바심이 났다. 제대로 심는 걸까? 이 작은 알갱이에서 과연 싹이 날까?

헛골에 쪼그리고 앉아 흙에 묻혀 잘 보이지도 않는 차조 알갱이를 한참 들여다보곤 했다. 제 몸뚱이보다 더 커다란 흙을 묻힌 채 땅 위로 올라오던 콩이 떠올랐다.

"그래, 씨앗의 힘을 믿는 거야."

서리태를 꼭 심고 싶었는데 때가 늦어 아쉬워하는 우리에게 다솜 할머니께서 검정콩 대신 심으라며 주신 것이 검정팥이었다. 우리는 콩밭 아래쪽 다섯 골에 검정팥을 심기로 했다. 일기예보에는 하루 종일 비가 온다고 했는데, 다섯 시쯤 눈을 뜨니 비가 안 오는 거였다. 벌써 일어난 남편이 비 오기 전에 후딱 검정팥을 넣고 오갰다. 해도 안 나고 바람도 건듯건듯 부니 진도가 빨랐는데, 세 골을 끝내니 팥이 떨어지고 말았다.

금방이라도 비가 내릴 듯 하늘이 험악했지만 남겨놓은 두 골이 영 눈에 밟혔다. 다솜이네서 팥을 얻어 다시 밭에 올랐다. 남은 두 골에 팥을 넣는 동안 비가 계속 내렸다. 온몸을 두들기는 장대비를 우산으로 가리는데 아람이 할아버지가 하신 말씀이 생각났다.

"오늘 못하면 내일 하지, 농사는 그렇게 지어야 혀."

물에 빠진 생쥐꼴이 되어 내려오는 길, 마음은 뿌듯했다. 1천 평 밭에 두 사람의 힘으로 콩도 심고 조도 심고 팥도 심었으니…….

아무래도 아쉬워 조밭 끝자락에 조금 심은 검정콩은 백이 아버지가 나누어주셨다. 밭도 남의 것, 씨로 넣은 작물도 모두 남이 지은 것이니, 새삼스럽게 이웃에게 고마운 마음이 들었다. 밭 만들고 비닐 씌우고 씨앗 넣느라고 고생했던 기억은 금세 가물가물해지고 하루가 다르게 키가 쑥쑥 크는 녀석들이 신기하고 재미있기만 했다.

비 내리던 어느 새벽, 우산 들고 밭에 올라 새끼손가락만큼 올라온 콩대 앞에서 한참을 서있었다. 예쁘고 장하다는 느낌을 넘어 감동이 밀려왔다. 빗속에 엎드려 비닐 아래로 기어 들어간 콩대를 구멍 밖으로 꺼내놓았다. 초록색 콩대를 보며 콩알을 넣을 때의 조바심과 안타까움을 떠올리며 씨앗은 정말로 힘이 세구나, 중얼거렸다.

농사를 짓는다는 말을 할 수 없을 것 같다. 그저 조금 도와주는 것일 뿐.
2005. 7

함께 견디기

벼농사를 처음으로 시작했던 5년 전 가을, 우리는 생전 처음 우리 손으로 지은 쌀로 밥을 지어 먹으며 뿌듯한 나날을 보내고 있었다. 집에 누구라도 오면, 기름기 자르르 흐르는 햅쌀밥을 지어 상에 올리고는 은근히 칭찬의 말을 기다리곤 했다. 그러던 중 마침 콩나물 콩이 떨어져 여기저기 수소문해 어렵사리 주문을 냈다.

며칠 뒤, 콩 두 봉지가 우편으로 도착했다. "이 세상에서 가장 맛이 있는 콩나물 콩." 점박이 병아리같이 귀여운 오리알태가 담긴 봉지에 적힌 문구를 보는 순간, 나는 가슴이 찌르르해졌다. 그 콩을 지으신 분의 정성과 자부심이 고스란히 내게 전달됐던 것이다. 처음 거둔 쌀로 한껏 부풀었던 내 마음도 차분해졌다. 우리 복숭아와 벼도 그런 작물로 키우리라 다짐했다.

지금, 나는 과연 우리 작물에 어떤 이름을 붙여줄 수 있을까? 농부로 살기 위해 나름대로 애썼던 지난 세월, 우리는 땅과 작물을 안전하게 지키는 것에 많은 노력을 기울였다. 그것은 생각할 필요도 없이 반사적으로 이루어진 일이었다. 주위 사람들이 너무나 많은 농약을 뿌려댔던 것이다. 바람이 불 때마다 들판에서는 농약 냄새가 날아왔다. 푸르러야 할 풀은 제초제 때문에 녹슨 기찻길같이 뻘건 색으로 죽어 있었다. 화학비료와 농약을 먹고 나무같이 높게 자란 고추를 보면 오히려 가슴이 답답했다.

우리는 덜 치고, 궁극적으로는 안 뿌리는 것으로 가기로 했다. 그것이 땅도 살고, 작물도 살고, 사람도 사는 길이라고 믿기로 했다. 그러나 그 과정에서 땅과 작물과 함께 견디고 이겨야 하는 아픔이 생각보다 크고 깊었다. 일년생인 벼는 그래도 덜했지만, 십 수년이 넘는 긴 생을 살아야 하는 복숭아나무에게 돌이킬 수 없는 잘못을 저지르는 것은 아닌가 하는 회의가 들 때는 잠을 이룰 수가 없었다.

그동안의 마음 졸임을 위로하려는 듯 작은 생명들이 우리 흙으로 찾아 들었다. 지렁이, 땅강아지, 거미, 메뚜기, 실잠자리, 반딧불이, 그리고 가재. 재작년 여름 우리 논에서 처음으로 가재를 만났던 날은 가슴이 다 벌렁댔다.

그해 가을, 우리 복숭아와 흙은 시험 하나를 통과했다. 복숭아에는 82가지 농약 성분이 하나도 들어 있지 않았고, 흙에는 여섯 가지 중금속이 허용기준량 훨씬 미만으로 들어 있다는 것이었다. 당연한 결과였지만, 합격통지서를 받아들고 우리는 아이들같이 좋아했다.

그러나 아직도 농부가 덜 되었는지 조금만 어려운 일이 닥쳐도 가슴이 덜컥 내려앉곤 한다. 혹독한 가뭄과 끔찍한 비에 대책 없는 태풍도 겪었고, 산돼지와 고라니가 과수원과 논을 쑥대밭으로 만들기도 했고, 이웃 밭의 주인이 친 제초제가 우리 논을 덮치는 일도 있었다. 거기에 더해 초보 농부로서의 부족함 또한 수시로 절감했다.

올해 가을 복숭아는 또 어땠는가. 이번에는 벌레들이었다. 먼지처럼 작아서 눈에 잘 띄지도 않는, 애매미충이라는 이름의 벌레들은 단숨에 불어나 가공할 속도로 나뭇잎을 갉아먹었다. 하얗게 변한 나뭇잎을 들여다보는 남편의 얼굴도 허예졌다. 다급한 마음에 사방에 문의를 했지만, 돌아오는 답은 한결같았다. 농약을 쓰는 수밖에 없다는 것이었다. 얼른 고개를 젓기는 했지만, 참으로 답답한 일이었다. 올해 농사도 그렇지만, 더 걱정인 것은 내년이었다. 잎이 다 떨어지면 꽃눈과 잎눈이 형성되지 않을 터이니 수확 또한 포기해야 할 판이었다. 때 이른 낙엽을 떨구는 나무 앞에서 우리는 갈등했다. 나무의 신음과 원망이 들리는 듯했다. 농약 딱 한 방이면 된다는데…….

눈앞에서 죽어가는 나무를 보고 마음이 아팠지만, 우리는 지금이야말로 서로를 믿고 기다려야 할 때라고 스스로 마음을 다졌다. "나무야, 제발 쓰러지지만 말아다오. 그동안 네가 키운 자생력이 있잖니. 우리도 최선을 다하마. 이 세상에서 제일 맛있는 복숭아가 아니어도 괜찮단다. 우리, 조금만 더 견디자꾸나."

돌이켜보면 지난 7년 중 가장 힘든 순간이었다. 남편도 나도 많이 흔들렸다. 다행히 효과가 더디고 약하긴 했지만 자연과 사람에게 해가 없는 식물추출물로 벌레를 방제할 수 있었다. 잃은 나무도 있었지만 살아남은 나무가 더 많았다. 만신창이가 된 나무를 쓰다듬는 남편을 보고 있노라면 가슴이 뭉클했다. 그래, 그렇게 함께 견디는 거야. 2005.9

나의 귀농을 되돌아보며

요즘 들어 귀농에 대한 논의가 부쩍 활발해졌다. 풀릴 것 같지 않은 경제 때문에도 그렇고 생태적인 삶을 찾아 귀농을 생각하는 사람들도 많은 것 같다. 성공하고는 거리가 멀지만, 이쯤에서 지난 7년 동안의 시골생활을 한 번 돌아보는 것도 의미가 있을 것 같다.

마음의 끌림은 있었지만, 실제로는 턱없이 준비가 부족했던 우리의 귀농은 시행착오와 어려움의 연속이었다. 우선 우리가 가장 실수한 부분부터 짚어보자면, 집과 농지, 그리고 마을 사람들과의 관계이다. 그러고 보니 시골생활에서 가장 중요한 세 가지 모두에서 참담한 실수를 저질렀던 셈이다.

땅을 살 때부터 우리의 실수는 시작되었다. 우연한 기회에 남편의 선배가 소개한 땅을 보고는 거기 서있는 느티나무에 반해 처음 본 땅을 덜컥 사고 말았다. 5백 평 땅에 농사를 지어 생활할 수 있을 것이라 믿었으니, 지금 생각하면 무모하기 짝이 없었다. 10년이 넘게 농부가 되겠노라고 노래를 불렀으면서도 변변한 준비와 공부가 없었던 것이 우리의 귀농에서 가장 큰 잘못이라고 하겠다.

그 땅에 대궐 같은 집을 짓는 것으로 우리의 실수는 돌이키기 어려운 것이 되고 말았다. 집을 짓는 과정에서 예상외로 많이 들어갔던 자금도 그랬지만, 더욱 치명적인 것은 집 때문에 발목이 묶인 것이었다. 시골에 가는 사람들은 대개 그곳에 뿌리를 박는다는 생각을 하게 된다. 우리도 그랬다. 그러나 산다는 것이 그러하듯 미처 생각하지 못했던 상황이 벌어질 수 있는 것이다. 시골에서도 상황이 여의치 않으면 자리를 옮길 수 있다는 것을 염두에 두어야 한다.

지금이라면 땅을 구하기 위해 발품을 많이 팔겠다. 지금도 우리 느티나무를 흠모하는 것은 변함없지만, 다만 느티나무 하나에 반해 땅을 덜컥 사는 실수는 저지르지 않겠다는 것이다. 그리고 새집을 짓기보다는 헌집을 구해 개조하거나, 힘이 들어도 우리 손으로 자그마한 집을 짓겠다.

농지 문제도 돌이킬 수 없는 실수였다. 처음 본 5백 평 땅이 얼마나 넓게 보였는지, 그 땅에서 농사를 지을 일이 까마득했다. 그 중 1백 평을 대지로 변경하여 집을 짓고 나니 밭으로 남은 것은 4백 평이었다. 그 정도의 땅은 버섯이나 쌈채 같은 시설 재배가 아니면 경제성이 전혀 없다는 것을 한 계절이

지나기도 전에 알게 되었다.

집부터 덜컥 지어놓고 보니 주변에서 마땅한 농지를 구하는 것이 보통 어려운 일이 아니었다. 마음에 드는 농지가 쉽게 나오지 않았고, 나온다 해도 높은 가격을 부르는 경우가 허다했다. 우리는 이곳에 아무런 연고가 없었으므로 상황이 더욱 좋지 않았다. 우여곡절 끝에 걸어서 15분 정도 걸리는 간장골 골짜기에 논과 과수원을 마련했지만, 그 후 진입로로 인해 피눈물을 흘려야 했다. 다시 시작한다면, 어렵더라도 2, 3천 평 정도의 덩어리 땅을 구해 집도 짓고 농사도 짓겠다. 문전옥답이라는 말이 왜 있겠는가. 작물은 주인의 발자국 소리를 듣고 자란다는 말도 진실이다.

낭만적이고 즉흥적이었던 작목 선택도 문제였다. 농약을 안 쳐도 잘 자란다는 말에 앞뒤 재지 않고 두릅농사를 시작했으니 말이다. 두릅을 포기한 후 벼와 복숭아 농사로 어렵게 자리를 잡아가고 있던 중 마을 주민들과의 갈등이 시작되었다.

초기에는 마을 사람들과 나쁠 일이 없었다. '굴러 들어온 돌멩이'로서 조심하며 예절을 지키는 가운데 주민들과 친밀해지기 위해 노력했으니까. 도저히 개입하지 않을 수 없었던 마을 일에 나서면서부터 균형을 이루던 관계가 무너지기 시작했다. 마을 뒷산 골짜기에 대규모 사설 공원묘지를 유치하려는 움직임이 있었던 것이다. 우리는 반대운동에 나섰고 그 과정에서 시작된 일부 주민들과의 불화가 나중에는 대다수의 마을 사람들과 불편한 관계로 전개되는 상황이 벌어졌다. 아무 연고도 없는 외지인에 귀농인이라는 위치는 우리의 입지를 더욱 어렵게 만들었다. 마을의 어르신들도, 지역사회와

행정기관도 고개를 저었다.

　이 과정에서 우리는 많은 어려움을 겪었다. 마을 주민이 우리 논으로 들어가는 진입로를 막아 남편은 퇴비를 지게로 날라야 했다. 그날 피멍이 든 남편의 어깨를 보고 나는 울었다. 계속되는 고소 고발로 남편은 급기야 전과자가 되었으며, 남편이 받은 마음의 상처는 지금도 옆에서 지켜보기가 안타까울 정도이다.

　3년 전, 마을 부녀회에서의 일도 안타깝다. 몇몇 부녀회원들이 나를 향해 "마을에 불화를 가져왔다"며 제적을 거론했을 때 나는 절망을 느꼈다. 한편으로는 이렇게까지 된 것에 나는 아무런 책임이 없는 걸까, 하는 반성도 했다. 이곳 사람들의 정서를 제대로 이해하지 못했던 부분도 있었고, 마을 일에 대한 철저한 고민과 확고한 의지가 부족한 부분도 있었다. 지혜와 역량 또한 턱없이 부족했다.

　그런 가운데 뜻을 같이 하는 마을 사람들과 함께 친환경농업 모임을 시도하면서 길이 보이는 듯도 싶었다. 모임의 사이트를 개설하고 사이트 관리와 직거래 유치를 위해 밤을 새는 날들이 이어지면서 몸은 파김치가 되었지만 연대의 가능성에 고단함을 잊을 수 있었다. 시간은 걸리겠지만 이 같은 시도로 두 편으로 갈라진 마을이 화합할 수 있을 것이라 애써 믿기도 했다. 그러나 나의 부덕함과 부족함을 절감하고 모임을 떠나면서, 어디서든 사람과의 일이 제일 어렵다는 것을 다시 한번 절감했다. 타고난 개인주의를 조금은 벗어났나 싶었을 때 일어난 일이어서 더욱 마음이 아팠다.

　도시에서 먹고 사는 것이 힘들어서, 사람들 속에서 복작대는 것이 싫어서 귀농을 꿈꾸노라고 많은 사람들이 이야기한다. 그러나 농사 지어 먹고 사는 일도 만만치도 않거니와, 시골에도 이웃으로 살아가야 하는 사람들이, 그것도 오래고 단단한 문화와 습관을 가진 사람들이 있음을 감안해야 할 것이다.

도시와 달리 전통적으로 더불어 해야 하는 일이 많은 농촌에서 우리 부부는 둘만의 힘으로 많은 부분을 해결하고 있다. 농사도 둘이 할 수 있는 규모이고, 심적으로 또 경제적으로 많이 버거웠지만 필요한 농기계도 거의 갖추었다. 마을 사람들과 일과 시간을 많이 나누지 못하는 것이 아쉽지만, 서로간에 시간과 열린 마음이 더 필요한 것 같다.

오랜 세월 다른 사람들의 삶에 별다른 관심이나 아픔 없이 내 생각에만 갇혀 살았던 내게 현장에서 느끼는 농촌의 특성과 농사의 어려움은 혼란을 가져왔다. 40여 년의 도시생활로 익숙해진 물질에 대한 의지와 욕망, 그리고 타고난 개인주의적 지향도 시골생활에 걸림돌이 되었다.

농사를 본격적으로 지으면서부터 나는 나 자신을 '농부'라 생각했다. 시간이 조금 더 흐르니 거기에 수식어가 하나 붙어 '많이 배운 농부'가 되었다. 만약 내가 지금도 서울에 살고 있다면 나는 아마 영영 이 수식어를 모르고 살았을지도 모른다. 농부로 사는 것도 쉽지 않은데, 수식어가 붙게 되니 부담스러웠다. 그것이 내가 늘 두려워하던, 그래서 피하고자 했던 '더불어 사는 삶'과 연관된 것이기에 더욱 그러했다. 그 같은 자각에 오만함이 있었음을 이제야 느낀다. 이곳 사람들에게도 오랜 문화 속에서 축적된 무서운 힘과 지혜가 있는 것이다. 이곳의 삶에서 느끼고 배운 것을 어떻게 의미있게 풀어갈지가 앞으로의 과제 중 하나이다.

지난 시간 동안 서툴게나마 농사를 지으면서 자연의 경이를 느끼게 되었고, 그 느낌은 자연스럽게 농사와 환경에 대한 관심으로 이어졌다. 경험도 기술도 일손도 부족하지만 힘들어도 유기농을 지향하려는 마음도 그것에서 비롯되었다.

연고 없이 내려온 마을의 이름을 따서 '앙성댁' 이라는 택호를 스스로 지은 것도 지금 내가 살고 있는 이곳에 농부로 뿌리를 내리고 싶다는 소망의 표현이었다. 나 자신이 시골에 내려오기 전까지는 매끼 밥을 먹으면서도 그것이 어떻게 내 밥상에까지 오르게 되었는지를 생각한 적이 거의 없었다. 그것은 돈만 있으면 생겨나는, 나와는 상관없는 세상의 일이었다. 내 손으로 논에 모를 심고 잡초를 뽑고 벼를 거두고 나서야 나는 "이 세상 모든 것이 상품이 될 수 있는 게 아님"을 몸과 마음으로 확인했던 것이다.

개인 홈페이지로 시작된 도시 사람들과의 의미 있는 소통에 감사한다. 그이들과 농사의 즐거움을 함께 나누고, 어려움을 함께 고민하고, 우리가 느낀 자연의 힘과 위로를 들려드리도록 노력하고 있다. 그것 또한 지금 내가 할 수 있는 일이라 생각한다.

고마운 것은 이 모든 우여곡절에도 불구하고, 지금 이 모습으로 사는 것에 후회가 없다는 것이다. 사람은 죽을 때까지 배운다는 말을 믿는다. 꿈꾼 만큼 살 수 있다는 말도 이제는 믿는다. 생전 처음 벼를 베던 날, 나도 모르게 아이구, 내 새끼! 하며 벼를 가슴에 부둥켜안았던 순간을, 그 마음을 잊지 않기를 스스로에게 당부한다. 2004. 9

"농부 못해먹겠다?"

다연 아빠,

　밤중도 아닌데 다연 아빠의 댓글이 올라온 것을 보면, 춘천에도 비가 오는 모양이네요. 이곳은 비가 미친 듯이 오다가 언뜻 푸른 하늘이 드러났다가 다시 주룩주룩 비가 오곤 합니다. 흙과 나무, 그리고 비가 만드는 냄새가 좋아 작업실에 앉아 있는 나도 비에 따라 창문을 열고 닫습니다. 지금은 빗줄기가 약해 창문을 반쯤 열었어요. 마침 바람이 제법 세게 불어 호두나무 잎을 때리는 빗소리가 타악기 소리 같아요. 이렇게 한가하게 컴퓨터 앞에 앉아 있는 것이 얼마 만인지요.

　6월 한달은 정말 정신없는 날들이 이어졌어요. 흑대문집 할아버지네 밭을 얻어 콩을 심었지요. 급작스럽게 밭을 쓰겠다고 결정한 후, 장마 소식이 잇달아 더 경황이 없었지요.

　흑대문집 할아버지 밭 바로 옆에 아람이네 밭이 있어요. 이번에 밭일 하면서 아람이 할아버지와 삼촌을 날마다 보게 되었지요. 참깨 밭에 엎드려 구멍마다 올라오는 잡초를 뽑고 참깨모에 북주기를 하는 두 사람을 보며 다연 아빠 생각을 가끔 했답니다. 참깨밭에 홀로 엎드려 잡초를 뽑았을 다연 아빠가 떠올랐지요.

　밭농사가 처음은 아니지만, 내가 직접 그렇게 너른 밭에 비닐을 씌운 것은 이번이 처음이에요. 시골에 내려온 둘째 해 봄, 이웃마을의 빌린 밭에 비닐을 씌울 때는 그곳 아주머니들의 손을 빌렸지요. 나도 자루가 긴 호미를 들고 다니기는 했지만, 아주머니들이 나중에는 노골적으로 방해가 된다 하시는 바람에 물주전자만 들고 다녔답니다. 이번에 남편과 둘이서 비닐을 씌우는데, 그때 생각이 문득 나더군요. 어느새 들일에 이력이 났는지 그럭저럭 마칠 수 있었어요.

6년 전 얻은 그 밭은 1500평쯤 되는 비탈밭이었어요. 농사를 처음부터 몸으로 배워보겠다던 근세 씨가 그 밭 만드느라 고생을 참 많이도 했지요. 그 밭에 둘이서 고구마와 호박을 심었는데, 내 생전 고구마를 심던 그 날을 영원히 잊지 못할 거예요. 마침 내 생일이었는데, 허리가 끊어질 것 같다는 말을 그때 처음 실감했었지요. 잠시 쉴 때면 그 비탈밭에 재주도 좋게 누워 코를 골았다니까요. 그렇게 지은 고구마와 호박을 그러나 우리는 거둘 수 없었어요. 경운기가 들어갈 길에 주인이 배추를 심었거든요.

그 기억 때문이었을까, 근세 씨는 이번에 많이 망설였습니다. 예전 같으면 나도 그랬을 텐데, 이번에는 내가 나서서 농사를 지어보자고 했어요. 그러면서 다연네를 또 떠올렸지요. 다연 아빠에게 내가 당부, 또 당부했잖아요. 절대로 농지는 더 넓히지 말라고. 그때 옆에 앉아 다연 아빠를 향해 "그것 봐!" 하는 표정을 하던 다연 엄마도 생각나네요.

다연 아빠,

지난 일요일, 우리를 만나러 오겠다는 다연 아빠의 전화를 받던 시각, 우리는 북한산 인수봉을 향해 가고 있었지요. 부랴부랴 산행을 마치고 돌아와 잠깐이라도 만나 다행이었지만, 많이 아쉽고 미안했어요. 그날 다연 엄마가 내게 한 말이 지금도 또렷합니다. 마침 해가 나지 않았는데, 다연 아빠가 집을 나서면서 "일하기 좋은 날"이라며 몇 번을 아쉬워했다면서요.

우리는 올해로 시골생활이 8년차입니다. 처음 시골에 내려와서는 시도 때도 없이 산에 갈 수 있겠다며 좋아했는데, 첫 5년 동안 산에 간 기억이 다섯 손가락으로 꼽을 정도예요. 지지난해부터 우리는 산에 다니기로 작정을 했지요. 산에 다니나, 안 다니나 팍팍한 것은 마찬가지라는 것을 알았으니까요. 우리가 그렇게 할 수 있는 것은, 그렇지만, 농사 규모가 크지 않기 때문이기도 하지요.

다연 아빠,

시골에서 내가 꼭 한 번, 아니, 계속 이루고 싶은 것이 있습니다. 농사로 자립하는 겁니다.

더 욕심을 내면, 일철에는 열심히 농사 짓고 겨울에는 하고 싶은 일을 하면서 사는 거예요. 그것이 그렇게 터무니없는 소망일까요?

이번에 콩 심으면서 소득을 따져보았답니다. 그 밭에서 잘하면 콩 여덟 가마가 나온대요. 우리는 경험도 적고 농약도 안 칠 터이니 소출이 떨어지겠지요. 그래도 네 가마는 나오지 않을까, 하고 계산하다가 그만 한숨을 쉬고 말았답니다. 콩은 심었지만, 북 주고, 잡초 뽑고, 수확하고, 콩 터는 일이 초겨울까지 줄줄이 이어질 텐데 우리 손에 들어올 돈은 서울에서 직장 다닐 때 한달 월급에도 턱없이 모자라니까요. 그렇다 해도, 농사로 자립만 할 수 있다면! 다연네에게 극구 말리던 밭일을 시작하니, 이런 저런 생각이 떠오르네요.

다연 아빠,

들일을 하다보면 가끔 막막해질 때가 있어요. 일이 힘든 것도 그렇지만, 종잡을 수 없는 날씨며 예상치 못했던 병이나 해충이 돌 때면 정말 눈앞이 깜깜해집니다. 지난해 가을 복숭아나무가 그랬지요. 처음 보는 벌레가 창궐하여 단 3일 만에 나뭇잎을 거의 다 떨어뜨리고 말았어요. 희끗희끗해진 잎을 보면서 첫날은 그저 영양부족인가 보다 했던 것도 속상했지요. 명색이 농부라는 사람이······. 내 몸이 아팠다면 그렇게 넘어갔을라구요.

나뭇가지에 손만 닿아도 낙엽처럼 우수수 떨어지는 잎을 바라보노라니 나주에서 배 농장을 하시는 선배님께서 들려주신 이야기가 생각났어요. 올 초, 때 아닌 봄추위로 배에 열매가 달리지 않자 도지로 배 농사를 짓는 분이 자살을 했답니다. 올해 농사 망친 것은 물론이려니와, 다음해 농사를 위해 농약 치고 비료 주려면 계속 돈은 들어가야 하니까요. 그러고 보면 1년 농사라는 말도 꼭 맞는 말은 아니지요. "대통령 못해먹겠다"라는 말이 생각나 그 와중에도 쓴웃음을 지었지요. "대통령 못해먹겠다"는 말은 어록에 기록되어 저 아득한 후대에까지 전해지겠지만 "농부 못해먹겠다"는 말에 누가 콧방귀나 뀔까요?

그렇지 않아도 복숭아 수확이 지난해만 못해 맥이 빠져 있던 터에, 벌레에 맥을 못 추는 잎을 보니 정말 다리가 다 후들거리더군요. 그렇지만 그것이 다가 아니었습니다. 마지막 펀치는 참으로 가혹했습니다.

우리는 벌레 방제 방법을 찾기 위해 사방으로 수소문을 했지요. 처방은 한결같이 농약을 치라는 거였어요. 결국 한 유기농 단체로부터 "농약 치고 유기농을 포기하는 것이 정답"이라는 말을 듣고는 불같이 화를 내다가 눈물을 흘리고 말았습니다.

　우리가 꼭 바른 일을 한다고는 생각하지 않아요. 어쩌다 보니, 이렇게 되어 있다는 것이 외려 맞는 말이지요. 나는, 어떤 뜻이 있어서 시골에 내려온 사람이 아니에요. 여러 번 이야기를 했으니 다연 아빠는 이제 눈치를 챘겠지만, 나는 '그냥' 내려왔어요. 내려와 보니 주변에서 농약을 너무 많이 뿌리고 있었습니다. 그걸 보니 농약을 도저히 뿌릴 수 없었어요. 반사작용 같은 거였지요. 그러지 않아도 농사라는 것이 돈이 안 되는데, 그 중에서도 유기농을 지난 7년 동안 지속할 수 있었던 것은 막내 오라버니 말씀처럼 '아직 배가 덜 고파서'일까요?

　사실은, 농사를 취미로 지으면 얼마나 좋을까 하는 생각을 종종 하게 됩니다. 그러면 더 재미나고 편안하게 일할 수 있겠지요. 수확에 대해 조마조마할 필요도 없고, 주위 사람들에게 상처나고 벌레 먹은 복숭아를 나누어주면서 큰소리도 치고요. 그렇지만 누구에게랄 것 없이, 우선은 나 자신에게 농부로 잘 살 수 있다는 것을 보여주고 싶습니다.

　지난번에 다연 엄마가 소주 몇 잔 들고는 내게 그러더군요.

　"언니, 농사 지어 성공할 수 있다는 것을 꼭 보여주세요."

　그 말에 내가 그랬지요.

　"성공은 아무래도 못할 것 같고, 그저 끝까지 농사를 지을 수만 있다면!"

　그날 온전한 농부가 되고 싶어 갈등하는 다연 엄마에게 내가 주제넘게 일렀답니다.

　"농사 짓고 싶다는 마음을 미련 없이 버리고, 지금 일하는 학교에서 여태

해온 것처럼 좋은 선생님이 되는 거야. 그것만이 다연 아빠가 끝까지 농사를 지을 수 있는 길이야."

아직 초등학생인 다연이와 유치원생인 영규를 떠올리면 다른 길은 거의 없다고 해야겠지요.

다연 아빠,

올해로 우리는 인터넷 직거래 판매가 4년째입니다. 직거래, 이거 보통 어려운 일이 아니랍니다. 직거래 중에서도 인터넷을 통한 직거래는 더 어렵습니다. 우선 사이트를 알리는 것이 어렵고 소비자의 신뢰를 얻는 것도 쉽지 않지요. 복숭아같이 당일 수확해서 보내야 하는 경우, 일이 많아 몸이 어렵기도 합니다. 수확, 선별, 포장, 소비자 수취 가능 여부 확인이 당일에 이루어져야 하기 때문에 정말 눈코 뜰 새가 없습니다. 가끔 내가 몇 살까지 이렇게 할 수 있을까, 하는 생각을 할 때도 있지요. 유기농과 도농 직거래가 대안이라는 것에는 동의합니다만, 구체적인 방법에 있어서는 소비자와 생산자가 함께 고민해야 할 것이 많습니다.

다연 아빠,

어제는 너무 피곤하고 맥도 풀리고 해서 읍내 중국집에서 자장면으로 저녁을 때웠어요. 거기에서 신문을 얼핏 보니, 도시생활도 여간 팍팍한 것이 아닌가 봅니다. 권리금을 포기해도 가게가 안 나간다네요. 우리만 해도 일주일에 서너 번은 귀농에 대한 문의전화를 받습니다. 밤중에 술에 취해 전화하는 이들도 더러 있습니다. 그분들에게서 출구 없는 막다른 골목에 서있는 듯한 느낌이 고스란히 전달됩니다. 출구가 없어 보이는 것은 마찬가지이지만, 푸르른 들판이 우리 곁에 있으니, 우리가 더 나은 걸까요? 날이 밝으면 또 어떤 일이 우리를 기다리고 있을까요? 그렇더라도 우리, 기꺼이 즐겁게 받아들입시다. 만물이 스승이라잖아요?

다연 아빠,

고추는 잘 크나요? 일이 아무리 많아져도, 고추는 잘 자라야지요. 시간 잡아 한 번 더 내려와요. 노은의 하나네도 청해 고추와 브로콜리 농사 이야기도 듣고, 원두막에 앉아 막걸리도 한 잔 합시다. 2005. 7

근세 씨에게
— 우리 앞에 길이 있습니다

근세 씨!

　세월이 참 빠르기도 하네요. 시골에 온 지 벌써 7년이 되었으니 말이에요. 우리 땅과 맨 처음 만나던 날, 기억나요? 지금처럼 겨울이 시작되는 때였지요. 읍내 다방에서 만난 아랫마을 이장님과 함께 구불거리는 고개를 넘는데 자꾸만 주먹이 쥐어지는 거였어요. 또 다른 삶이 시작된다는 생각 때문이었겠지요. 잎 떨군 나무들과 짚단만 남아 있는 빈 들이 조금 황량한 느낌도 들었어요. 그때 이장님이 큰소리로 말했지요.

　"저기, 저 아래 커다란 느티나무 보이지유? 바로 거기예유."

　거기 텅 빈 들판에 내 생전 처음 보는, 커다란 나무 하나가 서있었어요. 키도, 가슴둘레도 땅띔 못하게 큰 나무가 사방을 향해 수천, 수만의 가지를 뻗고 있었지요. 그 가지들의 끝을 이어보니, 거의 온전한 원형이 되더군요. 순간, 환영처럼 그림 하나가 떠올랐어요. 어렸을 적에 자주 그렸던 나무, 밤색 줄기 위에 초록의 원형을 머리에 이고 있는 나무 말이에요. 참 이상도 하지요? 가지만 남은 느티나무에서 푸르디푸른 원형의 나무를 떠올렸으니.

　아는 사람 하나 없는 이곳에, 우리는 그렇게 해서 자리를 잡았어요. 연고도 없는 이곳에 자리 잡은 까닭을 궁금해하는 사람들에게 우린 빙그레 웃으며 말하곤 했지요.

　"아무래도 느티나무님이 우리를 부르신 것 같아요."

근세 씨!

돌아보면, 지난 세월의 고비마다 느티나무가 우리를 붙들어주신 것 같아요. 크고 작은 기쁨과 슬픔, 좌절이 닥칠 때마다 느티나무를 떠올렸으니까요. 잎이 나고 잎이 지는 일을 수백 번 반복한 끝에 느티나무는 지금 같은 거목이 되었겠지요. 우리의 삶도 그렇겠지요. 잎이 나고 잎이 지고, 잎이 나고 잎이 지고, 또 잎이 나고 또 잎이 지고…….

만약 내가 지금도 도시에 있다면, 일년 내내 푸른 잎을 자랑하는 화분의 나무를 바라보며 내 삶도 그렇게 늘 푸르러야만 한다고 떼를 쓰고 있을지도 모르지요. 이곳에서야 나는 느티나무가 늘 푸르기만 한 것이 아니라는 것을 알았으니까요. 그리고 푸른 느티나무만 아름다운 것이 아니라는 것도요. 봄날 칙칙한 가지 위에서 점점이 빛나던 연두, 여름날의 둥글고 원만한 초록 덩어리, 가을날의 붉은 단풍, 그리고 겨울의 텅 빈 가지, 그 모두가 느티나무의 모습이라는 것을.

벼농사를 지으면서 지켜본 벼도 그랬지요. 씨앗으로 뿌려져, 싹이 돋고, 잎이 자라고, 이삭이 나오고, 꽃이 피고, 드디어 열매를 맺고, 자기 몸을 송두리째 내어준 후 거름이 되어 다시 흙으로 돌아가는 그 조용하고도 엄숙한 순환. 씨앗은 싹이 날 것을 걱정하지 않고, 줄기는 이삭이 팰 것을 염려하지 않고, 열매는 제 몸이 베어져 나감을 아파하지 않는, 그 온전한 받아들임.

근세 씨!

이렇게 아름답고 장엄한 자연 속에서 매일매일을 살고 있다니, 참 고마운 일이지요. 눈을 들어 창밖의 들판을 바라보고 있노라니 이게 꿈인가 싶어집니다. 꿈이 아니라는 듯, 어디선가 새 한 마리가 포르르 날아와 창문 앞에 서 있는 호두나무 가지 위에 앉았습니다. 넓은 잎을 다 떨군 가지 위에 앉은 새는 꼭 나를 바라보고 있는 듯합니다. 이쪽저쪽 고개를 갸우뚱거리며 나를 바라보는 새가 명랑하고 귀여워 나도 모르게 웃음이 납니다. 새 한 마리에 행복해지는 내가 기특해 또 다시 미소가 떠오릅니다.

돌이켜보면, 지난 시간 동안 눈물도 많이 흘렸습니다. 한 치 앞이 안 보이는 막막함 앞에서 절망할 때도 많았지요. 그렇지만 흙을 만지고 작물을 기르는 것은 참 묘한 일인 것 같아요. 온갖 종류의 아픔이 치유되니까요. 그것이 자연의 힘, 생명의 힘이겠지요.

지난 봄에 근세 씨가 뒷밭 비닐하우스 안에서 찾아내어 밭둑에 옮겨 심은 은행나무, 생각나지요? 5센티미터가 겨우 넘을까 하는 키에, 은행잎임을 의심할 수 없는 잎이 네 장이나 달려 있던 그 나무 말이에요. 작은 키보다 더 놀라운 것은 직각으로 휘어진 줄기였어요. 조금이라도 햇빛을 더 받기 위해 꼬부랑 할머니처럼 허리가 휜 거였어요.

우린 그 작은 나무 앞에 앉아 나무의 역사를 더듬었지요. 2년 전 가을, 윗마을 유미네서 생전 처음으로 은행을 줍던 날이었어요. 주판알 같은 은행에 살구 모양의 고약한 냄새가 나는 외피가 있다는 것을 처음 알았지요. 땅에 묻어 놓으면 외피가 쉽게 벗어진다는 유미 아빠의 말에 뒷겸 비닐하우스 안에 땅을 파고 은행을 묻었지요. 그때 미처 거두지 못한 은행알 하나가 아무도 모르게 혼자서 싹을 틔워 뿌리를 내리고 두 번의 겨울을 견디면서 그렇게 잎을 피운 거였어요. 세상에서 제일 작은, 그러나 당당한 나무였습니다.

이렇듯 농사는 자연의 은혜와 위로를 가르쳐주었어요. 그리고 그 가르침은 자연과 환경에 대한 반성으로 이어졌지요. 경험도, 기술도, 일손도 부족하지만 힘들어도 농약과 화학비료를 안 치려는 이유가 바로 그 때문이지요.

근세 씨!

우리가 이렇게 농사 짓고 사는 것이 아주 우연한 것만은 아니라는 생각이 듭니다. 우리가 처음 만난 곳이 산이었고, 둘이 함께한 시간의 많은 부분을 산에서 지냈으니까요. 농사는 장기 산행과 닮은 것 같아요. 시작할 때의, 끝이 보이지 않는 막막함이 우선 그렇습니다. 그러나 일단 시작하면 끝까지 산을 오르게 하는 끈기와 힘이 자연스럽게 생겨나고, 힘들게 몸을 움직이고 나서 자연에 몸을 맡길 때 오는 자유와 평화로움, 그리고 하산의 기쁨이 있습니다. 그리하여 우리는 지난 산행에서의 온갖 어려움을 잊고 또 다시 배낭을 꾸리는 것이지요.

근세 씨!

우리, 어려울 때면 우리가 함께 걸었던 무수한 산들을 떠올립시다. 간간이 이어지던 길을 놓치면 때맞추어 날이 어두워지고 몸은 추운데 기댈 곳은 어디에도 보이지 않던 때, 암만 걸어도 산은 끝없이 이어져 있고 그 산의 끝은 있을 것 같지 않은데 나도 모르게 꺼억 하고 울음이 터지던 때, 도저히 길이 안 보일 것 같은 그 산들을 우리는 넘었습니다. 바닥을 모르는 두려움, 생각해보면 그것은 우리의 친구였습니다. 우리를 앞으로 나가게 만든……

내 삶의 가장 큰 줄기인 산과 농사를 가르쳐준 당신과의 인연에 감사합니다. 2004. 12